# O Regime da *Patent Box* – em destaque, o caso português

# O Regime da *Patent Box* – em destaque, o caso português

2019

Catarina Martins de Sousa

ALMEDINA

O REGIME DA *PATENT BOX* – EM DESTAQUE, O CASO PORTUGUÊS
AUTOR
Catarina Martins de Sousa
EDITOR
EDIÇÕES ALMEDINA, S.A.
Rua Fernandes Tomás, nºs 76, 78 e 80
3000-167 Coimbra
Tel.: 239 851 904 · Fax: 239 851 901
www.almedina.net · editora@almedina.net
DESIGN DE CAPA
FBA.
PRÉ-IMPRESSÃO
EDIÇÕES ALMEDINA, S.A.
IMPRESSÃO E ACABAMENTO
DPS - DIGITAL PRINTING SERVICES, LDA

Junho, 2019
DEPÓSITO LEGAL
457020/19



ALMEDINA | GRUPOALMEDINA

---

***Biblioteca Nacional de Portugal – Catalogação na Publicação***

SOUSA, Catarina Martins de

O regime da patente box, em destaque, o caso português. – (Ideias jurídicas)
ISBN 978-972-40-7957-8

CDU 336

*À minha irmã e à Lili*

## NOTA PRÉVIA E AGRADECIMENTOS

A presente obra corresponde à dissertação de Mestrado em Direito Fiscal que apresentei na Universidade Católica Portuguesa – Centro Regional do Porto a 15 de maio de 2017, orientada pela Prof. Doutora Luísa Anacoreta Correia e co-orientada pelo Prof. Doutor Damião da Cunha, tendo realizado as provas de defesa da mesma no dia 7 de julho do mesmo ano. Dado que, desde a referida data de apresentação até à atualidade, o presente tema continua em voga e não se registaram alterações legislativas relativamente ao mesmo, optei por manter praticamente inalterado o texto originário da dissertação.

A realização desta obra não teria sido possível sem a colaboração e apoio de várias pessoas. Assim, começo por endereçar as minhas primeiras palavras de agradecimento aos meus pais por serem os pilares mais fortes que sustentam a minha vida académica, profissional e pessoal, pelo seu apoio incondicional e por todas as palavras de ânimo e coragem indispensáveis para a realização desta dissertação.

À minha irmã por ser a minha maior fonte de inspiração e motivação e o meu melhor exemplo.

À Lili e ao Rui por serem os meus grandes companheiros desta e de todas as jornadas, por todo o incentivo que me deram e por toda a sua paciência.

À Prof. Doutora Luísa Anacoreta pela orientação efetiva, pela disponibilidade incondicional, pela preocupação, por todo o conhecimento transmitido, pelo diálogo construtivo, pelo cuidado nas sugestões e críticas e por ter abraçado este desafio.

Ao Doutor Tomás Cantista Tavares, meu patrono à data da elaboração deste trabalho, por ser um profissional e ser humano de excelência, por toda a preocupação e paciência, pelos diálogos enriquecedores e construtivos e pela total disponibilidade.

Porto, 17 de abril de 2019

A autora,
Catarina Martins de Sousa

# LISTA DE SIGLAS E ABREVIATURAS

| | |
|---|---|
| §(§) | parágrafo(s) |
| Ac. | Acórdão |
| Al. | alínea |
| Art(s). | artigo(s) |
| AT | Administração Tributária |
| BEPS | Base Erosion and Profit Shifting |
| BFC | Benefícios Fiscais Contratuais ao Investimento Produtivo |
| CE | Comissão Europeia |
| CFI | Código Fiscal do Investimento |
| CIRC | Código do Imposto sobre o Rendimento das Pessoas Coletivas |
| Coord(s). | coordenador(es) |
| DL | Decreto-Lei |
| DM22 | Declaração Modelo 22 |
| EEE | Espaço Económico Europeu |
| EM | Estado-Membro |
| EP | Estabelecimento Permanente |
| EY | Ernst & Young |
| FPFP | Fórum sobre as Práticas Fiscais Prejudiciais |
| G20 | Grupo dos 20 |
| I&D | Investigação e Desenvolvimento |

| | |
|---|---|
| Idem | Id. |
| Idem, ibidem | Id. Ibid. |
| IRC | Imposto sobre o Rendimento das Pessoas Coletivas |
| LGT | Lei Geral Tributária |
| LIS | Ley del Impuesto sobre Sociedades (Lei do Imposto sobre as Sociedades) |
| MNA | Modified Nexus Approach (Abordagem Nexus Modificada) |
| N.º(s) | número(s) |
| NCRF | Normal Contabilística e de Relato Financeiro |
| OCDE | Organização para a Cooperação e Desenvolvimento Económico OECD – Organisation for Economic Co-operation and Development<br>P. – página |
| PIB | Produto Interno Bruto |
| PME | Pequena e Média Empresa |
| Pp. | páginas |
| PWC | PricewaterhouseCoopers |
| RETGS | Regime Especial de Tributação dos Grupos dos Sociedades |
| RFAI | Regime Fiscal de Apoio ao Investimento |
| S.d. | sine data |
| S.l. | sine loco |
| S.n. | sine nomine |
| SIFIDE II | Sistema de incentivos fiscais em investigação e desenvolvimento empresarial II |
| Ss | seguintes |
| TFUE | Tratado sobre o Funcionamento da União Europeia |
| UE | União Europeia |
| Vd. | Vide |
| ZEW | Centre for European Economic Research |

# PREFÁCIO

Num mundo em que as diferentes nações concorrem pela atração de atividades de inovação e de I&D, o papel da fiscalidade assume uma relevante dupla faceta. Se, por um lado, é através de regimes fiscais atrativos que os países potenciam determinados investimentos ou atividades, é, por outro, preocupação desses países que os regimes respeitem a integridade fiscal, assegurando a tributação das atividades produtivas onde se realizam.

O *OECD/G20 BEPS Project*, formalizado pela OCDE em 2015 e comummente denominado Projeto BEPS, é um reflexo da preocupação de justiça fiscal aplicada a realidades que extravasam as fronteiras de cada nação, obrigando-as a ações concertadas e a compromissos.

Desenhar um enquadramento fiscal de realidades complexas, que envolvem linhas de ação não totalmente controláveis dentro das fronteiras nacionais, obriga a uma ampla compreensão da problemática a abordar, dos modelos de tributação possíveis, das práticas que se pretende proteger ou incentivar e daquelas que se pretende precaver.

Aplicando ao caso concreto das atividades de I&D, às preocupações de justiça fiscal aliam-se a forte vontade de potenciar estas atividades através de regimes delimitados de baixa tributação. O regime da *Patent Box* prevê a definição de um regime fiscal aplicável aos rendimentos de atividades de inovação e I&D que seja atrativo, delimitado e distinto do regime geral de tributação.

Por se tratar da definição de um regime atrativo para atividades de fácil deslocalização, a identificação do modelo adequado a aplicar aos regimes de *Patent Box* dos diferentes países foi objeto de uma das ações do Projeto BEPS. O regime da *Patent Box* tem, por isso, que ser robusto no que se refere à prevenção da erosão de base tributável e da transferência de lucros.

O presente livro aborda esta problemática, analisando em detalhe a evolução de diferentes regimes de *Patent Box* com vista à ampla compreensão do alcance dos regimes atuais, das suas potencialidades e das suas fragilidades. A abordagem é devidamente enquadrada no âmbito da ação do Projeto BEPS, o que permite antever o alcance das medidas tomadas. O trabalho prossegue com uma aprofundada e detalhada análise ao regime nacional, procedendo à sua interpretação e exemplificando a sua aplicação. São incluídas sugestões de procedimentos de controlo úteis às empresas, no sentido de minimizar o risco fiscal associado a regimes fiscais complexos como o em apreço. A análise termina com propostas de melhoria do regime português, potenciando a sua aplicação a PMEs nacionais que se caraterizem por períodos longos de investigação.

Agora, um pouco sobre a autora. Catarina Martins de Sousa lançou-se neste trabalho totalmente decidida a fazer o melhor na área. Não importava o que tinha que estudar, o que necessitava de consultar, o que precisava de debater, com quem tinha que falar sobre o assunto. O caminho a seguir era fazer um trabalho de investigação que se pautasse pelo melhor e a área escolhida era o já referido regime da *Patent Box*.

Foi com muito orgulho e satisfação que vi o trabalho chegar a muito bom porto. Este livro espelha aquilo que acredito que deve resultar de um bom trabalho de investigação. Debate um tema muito atual, analisa uma problemática real, ajuda na compreensão de um todo, compara o caso Português com as melhores práticas internacionais, facilita o entendimento do que agora resulta numa sequência de articulados, aponta falhas e pistas para melhoramentos, é, por isso, muito oportuno e, com certeza, muito útil àqueles que lidam com estas matérias.

M. Luísa Anacoreta Correia
17 de abril de 2019

## RESUMO

A presente dissertação versa sobre o regime da *Patent Box* que visa promover as atividades de investigação, desenvolvimento e inovação, destacando o caso do regime português, previsto no artigo 50.º-A do CIRC.

A *Patent Box* representa um *output tax incentive*, ou seja, um incentivo fiscal à exploração de rendimentos provenientes de patentes e outros ativos de propriedade intelectual.

Este tema constitui uma matéria importante e atual, dado que recentemente foi alvo de alterações conforme as orientações emitidas pela OCDE na sequência do MNA introduzido pela Ação 5 do Projeto BEPS.

No nosso estudo, procuramos identificar as características essenciais do regime da *Patent Box* em vigor até 30 de junho de 2021 em cada Estado-Membro da União Europeia, sendo que analisamos pormenorizada e criticamente a *Patent Box* portuguesa.

Consideramos que o atual artigo 50.º-A do CIRC apresenta problemas ao nível da sua interpretação, suscitando várias incógnitas no momento da sua aplicação. Assim, entendemos que este artigo deve ser alterado, esperando que a nossa dissertação seja um importante contributo para essa alteração.

Palavras-chave: *Patent Box*; investigação; desenvolvimento; inovação; Artigo 50.º-A CIRC; *output tax incentive*; incentivo fiscal; rendimentos; patentes; propriedade intelectual; OCDE; MNA; Ação 5; BEPS;

## ABSTRACT

This master's thesis is about the *Patent Box* regime which aims to promote the research, development and innovation activities, highlighting the case of portuguese regime that is laid down in Article 50.º-A of the corporate income tax code.

The *Patent Box* represent an *output tax incentive*, in other words, it is a tax incentive to the exploitation of income derived from patents and other intellectual property assets.

This matter is an important and current subject as, recently, it has undergone changes according to the guidelines issued by the OECD, following the MNA introduced by Action 5 from the BEPS Project.

In our study, we seek to identify the essential characteristics of the *Patent Box* regime in force until 30th July, 2021 on each Member-State of the European Union and we do a critical and detailed analysis of the portuguese *Patent Box*.

We consider that the current article 50.º-A of the corporate income tax code presents problems on its interpretation, raising several doubts at the moment of its application. So we believe that this Article should be amended, hoping that our master's thesis will be an important contribution for this amendment.

Keywords: *Patent Box*; research; development; innovation; Article 50.º-A of the corporate income tax code; output tax incentive; tax incentive; income; patents; intellectual property; OECD; MNA; Action 5; BEPS.

# 1. Introdução

As atividades de I&D e inovação constituem um fator determinante para o desenvolvimento e bem estar-sociais em diversos níveis, seja, por exemplo, na criação de emprego qualificado ou na melhoria da saúde.

Todavia, estas atividades apresentam uma elevada incerteza quanto ao seu êxito.

Assim, nos últimos anos, assistimos, frequentemente, à concessão, por parte dos Estados, de benefícios fiscais a favor destas atividades, procurando neutralizar o risco que lhes é inerente e, simultaneamente, garantir a sua promoção.

Nesta dissertação, versaremos sobre um dos benefícios fiscais atualmente em destaque, o designado regime da *Patent Box* cujos contornos foram alvo de algumas modificações e limitações, na sequência do Projeto BEPS. Abordamos, por isso, um tema atual e de elevada importância, já que a legislação dos Estados impulsionadores deste Projeto, bem como dos futuros Estados aderentes deve ser conforme com os acordos resultantes do mesmo.

Nestes termos, pretendemos dar a conhecer as características essenciais das *Patent Boxes* em vigor na UE antes das alterações resultantes do Projeto BEPS e com produção de efeitos, em determinadas circunstâncias que referiremos, até 30 de junho de 2021, bem como clarificar as modificações introduzidas por este projeto. Por fim, realizaremos uma reflexão compreensiva, crítica e ponderada sobre o regime português.

Cumpre-nos, ainda, referir que a presente dissertação tem em conta factos ocorridos até maio de 2017. Uma vez que o *Brexit* apenas foi iniciado a 29 de março de 2017 e, por isso, já no término da fase da nossa investigação, elaboramos o nosso estudo considerando ainda o Reino Unido como um EM da UE.

Em termos metodológicos, dada a atualidade do tema, deparámo-nos com uma elevada escassez de monografias sobre a matéria, em concreto sobre o regime, pelo que centrámo-nos essencialmente na recolha e análise de artigos de revistas científicas, de publicações periódicas, de recomendações internacionais, de legislação nacional e internacional, sendo importante destacarmos a quase inexistente bibliografia em língua portuguesa sobre o objeto do nosso estudo. Não obstante, não ficámos por aqui e, ainda, contactámos, diversas vezes, via *e-mail* ou via telefónica, consultores estrangeiros da EY e da PWC, o próprio FPFP e mesmo a AT.

Salientamos, que a nossa investigação, em momento algum se traduzirá num exercício de Direito Comparado, pelo que quando referimos os regimes de diferentes países da UE, apenas nos limitamos à identificação das suas principais características.

No que concerne ao modo de citação, nas notas de rodapé, adotamos o modelo Apelido, data, parte inicial do título (apenas no caso de existir uma pluralidade de obras do mesmo autor e do mesmo ano a serem citadas ao longo da exposição), p(p).

Contudo, na bibliografia desta dissertação, as referências aparecerão nos termos dos seguintes modelos:

i) APELIDO, Nome, (ANO) – *Título da monografia*, lugar de publicação: Editora, pp. – para as monografias;
ii) APELIDO, Nome, – "Título do artigo", *nome da publicação periódica/revista científica*, ANO (Volume), N.º, pp. – para os artigos de publicações periódicas e/ou de revistas científicas;

Referimos, ainda, o uso, nas notas de rodapé, da abreviatura *Id.* para citar a mesma obra referenciada na nota de rodapé anterior divergindo apenas a(s) página(s) e o uso da abreviatura *Id. Ibid.* para citar as mesmas páginas da mesma obra indicada na nota de rodapé anterior.

Por último, estruturamos o nosso estudo em 6 capítulos. O Capítulo 1 refere-se à presente Introdução. O Capítulo 2 introduz-nos no mundo dos incentivos fiscais e na sua importância para as atividades de I&D. O Capítulo 3 elucida-nos sobre as *Patent Boxes* em vigor na UE, implementadas anteriormente às alterações produzidas pelo Projeto BEPS e com possível produção de efeitos até 30 de junho de 2021. Numa lógica evolutiva, o Capítulo 4 esclarece-nos o Projeto BEPS e as suas implicações no regime da *Patent Box*. De seguida, no Capítulo 5, abordamos o nosso regime da *Patent Box*, refletindo compreensiva e criticamente a sua versão pré e pós-BEPS, fazendo algumas sugestões em termos legislativos. Terminamos o estudo, apresentando as nossas conclusões no Capítulo 6.

# 2. O papel dos incentivos fiscais na promoção da I&D

## 2.1. O Direito Fiscal e as atividades de I&D

Sendo o progresso e o bem-estar sociais objetivos primordiais e constantes das agendas nacionais dos vários Estados, é inegável a necessidade de aposta no desenvolvimento e criação de propriedade industrial e intelectual, bem como na implementação de novas tecnologias.

Assim, estabelece o n.º1 do art. 179.º do TFUE a necessidade da UE promover um "espaço europeu de investigação", no qual os investigadores, os conhecimentos científicos e as tecnologias circulem livremente e fomentem a competitividade.

Ademais, atendendo a que as políticas de I&D e inovação se revelam fundamentais para a criação de emprego, melhoria de competitividade e produtividade, crescimento a longo prazo, assim como para responder aos desafios internacionais, entendemos ser incontestável o lugar proeminente que assumem na agenda da UE.

O aumento do nível de atividade de I&D e inovação pauta-se, assim, como um interesse comum da UE, tendo sido proposto como grande objetivo o investimento de 3% do seu PIB em I&D[1].

Ora, o investimento em I&D e inovação é desenvolvido na expectativa de se obter no futuro benefícios, tais como custos de produção mais baixos ou volume de receitas mais elevado, apesar do seu retorno ser incerto. Perante esta incerteza, torna-se imperiosa a intervenção governamental na promoção das referidas atividades, já que, em condições de mercado, as mesmas se encontram subinvestidas, dado o elevado nível de risco inerente ao seu investimento e aos grandes efeitos *spillovers* (externalidades) para a sociedade.

É neste sentido que o sistema fiscal é convocado, por ser entendido como o meio essencial não só para a captação de recursos destinados à Fazenda Pública, como para influenciar os comportamentos dos operadores económicos, alcançando-se, assim, os objetivos previamente definidos nas agendas políticas dos respetivos Estados.

A intervenção governamental na promoção de I&D e inovação pode ocorrer através da criação de medidas especiais ou de outros instrumentos. Neste

[1] COM(2010) 2020 final, pp.3 e 10.

sentido, para além da concessão de subvenções ou empréstimos e da aquisição de I&D e inovação, é frequente a atribuição de incentivos fiscais, não sendo possível, de outra forma, atrair o investimento para estas atividades.

Os referidos incentivos fiscais constituem meios indiretos de apoio e promoção da I&D e inovação, contrariamente ao financiamento governamental direto através, por exemplo, de subvenções ou contratos[2], e devem ser perspetivados como uma medida especial que se desvia do regime regra, procurando atrair e promover determinadas atividades[3].

Quando os países oferecem este tipo de apoio à I&D e inovação apresentam-se, desde logo, muitas vezes, como locais mais vantajosos comparativamente com os restantes, sendo mais atrativos para I&D e inovação internacionalmente móvel[4].

A presente concessão de incentivos fiscais no âmbito da promoção de I&D e inovação exibe-se como um instrumento político cada vez mais popular na última década, tendo-se registado a sua proliferação e o aumento da sua generosidade.

[2] BERNABEU (2014), p. 179

[3] Neste sentido, *vd.* GARCÍA (2014), p.111.

[4] Os incentivos fiscais na I&D e inovação desempenham um papel importante, não só nas decisões de localização das multinacionais, como na alocação de investimento ao longo de sectores, firmas e projetos. Auxiliam, ainda, as empresas no que concerne ao "onde" e "como" investir em I&D e inovação, já que as torna mais capazes para avaliar que projetos serão mais bem-sucedidos no mercado. A este propósito *vd.* BERNABEU (2014), p.181.

Em suma, os Estados, ativando a função reguladora dos sistemas tributários, procuram estimular o investimento privado em I&D e inovação contribuindo, assim, para o crescimento económico.

## 2.2. Definição de incentivos fiscais

Os incentivos fiscais traduzem-se num pagamento implícito por parte do governo através da redução de uma responsabilidade tributária específica e procuram influenciar o comportamento humano no sentido de encorajar os residentes do país concessor dos incentivos a desenvolver certas atividades desejáveis e a persuadir o desenvolvimento de outras tidas como indesejáveis[5]. Essencialmente, pretende-se, com os referidos incentivos, conceder aos eventuais destinatários razões extrínsecas que os conduzam à realização das escolhas que os estados concessores entendem como desejáveis[6].

Ademais, uma característica predominantemente presente em matéria de incentivos fiscais é a sua seletividade. Este traço distintivo expressa-se no tratamento preferencial que é atribuído a certos

[5] Para dissuadir as atividades indesejáveis, normalmente, os Estados optam pela via do aumento da tributação. Quando procuram atrair o investimento privado relativamente a atividades consideradas desejáveis, a ferramenta usada tende a ser a redução da respetiva responsabilidade tributária. *Vd.* Bal (2014), p.63.

[6] *Id. Ibid.*

investimentos que o governo concessor pretende atrair ou mesmo aquele que é conferido a certas regiões sobre as quais incidem problemas estruturais. Urge-nos, ainda, referir que, a seletividade significa que os potenciais beneficiários se encontram restritos em termos de dimensão, localização ou sector.

Assim, os incentivos fiscais destinados a uma região particular ou a um determinado sector económico ou a uma certa função no seio de uma empresa, são considerados seletivos. Todavia, sendo por vezes difícil determinar o que é seletivo e constatando-se, conforme as situações, a existência de características gerais[7] do sistema tributário que acabam por ter um maior impacto na atração de investimento estrangeiro, entendemos que a seletividade não deve ser perspetivada como um elemento crucial da definição de incentivo[8].

Cumpre-nos, igualmente, salientar a similitude existente entre o conceito de incentivos fiscais e o de despesas fiscais[9]. Este último traduz-se em disposições especiais que conferem ao contribuinte, que desenvolva uma determinada atividade económica

[7] Referimos, por exemplo, a não sujeição a IRC nesta matéria. *Vd. Id. Ibid.*

[8] *Id.* pp.63 e 67.

[9] Não obstante a similitude, os conceitos não são coincidentes, na medida em que uma despesa fiscal não constitui um incentivo fiscal, quando tiver sido apenas estabelecida para fornecer uma redução fiscal a fim de compensar algum infortúnio ou dificuldade. Referimos, por exemplo, a isenção pessoal extra para cegos ou idosos. *Vd. Id.* p.64.

ou que apresente alguma especial dificuldade, a possibilidade de efetuar um pagamento de imposto inferior ao que teria realizado noutras circunstâncias. De uma forma mais simples, as despesas fiscais constituem despesa pública disfarçada[10].

Ainda no que concerne a este último conceito, devemos referir que o sistema do imposto sobre o rendimento compreende dois elementos. O primeiro é constituído pelas disposições estruturais necessárias para a aplicação do imposto e o segundo pelas preferências especiais, representantes do desvio da estrutura fiscal normal. Ambos os conceitos representam, por um lado, uma perda de receita para o respetivo Estado e, por outro, uma redução na responsabilidade tributária dos contribuintes.

## 2.3. Tipos de incentivos fiscais à I&D

Inerente à soberania estadual, encontra-se a determinação das características dos respetivos sistemas fiscais. Nesta medida, e num panorama concorrencial diário, cada Estado procede à invenção de medidas especiais, procurando tornar o respetivo território mais atrativo para as empresas desenvolverem aí as suas atividades. De entre as várias medidas, umas são direcionadas ao estímulo de alguma

[10] *Id. Ibid.*

atividade em particular, enquanto outras visam, em geral, atrair capital estrangeiro[11].

Porém, sendo o mundo tributário um domínio onde a competitividade é uma constante, a soberania fiscal acaba por não ser ilimitada, já que os Estados, apesar de possuírem a liberdade para desenhar os seus sistemas fiscais como pretenderem, optam por fazê-lo de acordo com o que os seus vizinhos executam[12].

Ora, sendo a I&D e a inovação consideradas peças-chave para o crescimento económico, os benefícios resultantes da intervenção governamental ou privada nesta matéria acabam por ser maiores para a sociedade do que para o investidor. Todavia, é este último que suporta todos os custos relacionados com o estímulo e com o desenvolvimento destas atividades. Deste modo, facilmente constatamos que estas evidências colocam o investimento em I&D e inovação abaixo do nível socialmente desejável, pelo que para contrariar esta situação muitos países tendem a oferecer subsídios variados ou disponibilizar esquemas de investimentos fiscais específicos.

Dois mecanismos-chave utilizados pelos Estados para incentivar o aumento por parte das empresas nas suas atividades de I&D e inovação são os incentivos fiscais e o financiamento direto, verificando-se uma maior adesão aos primeiros[13].

[11] *Id.* p.63.

[12] *Id. Ibid.*

[13] Neste sentido, *vd.* DANON (2015), p.19.

Se, por um lado, o financiamento direto permite aos Estados manter o controlo sobre a natureza da I&D desenvolvida, por outro, pode distorcer a concorrência no mercado, na medida em que a decisão de conceder assistência financeira é frequentemente deixada à discricionariedade dos decisores políticos[14].

No que respeita aos incentivos fiscais, estes afiguram-se mais eficientes e equitativos na prestação de apoio estatal às atividades comerciais de I&D. Apresentam, ainda, como outras vantagens a exigência de menores custos administrativos, a maior facilidade de acesso comparativamente com os programas de financiamento, bem como a sua maior eficácia no estímulo da investigação de longo prazo. Os incentivos fiscais, reduzindo os custos de I&D, contribuem para o aumento do valor atual líquido dos projetos de investigação prospetivos[15].

Por último, destacamos que estes incentivos podem ser classificados em duas categorias: a primeira correspondente aos designados *input tax incentives*[16], isto é, aos incentivos às atividades de I&D e a segunda referente aos denominados *output tax incentives*, ou seja, aos incentivos à exploração de rendimentos provenientes de I&D.

[14] Bal e Offermanns (2012), p.168.

[15] *Id.* p.168.

[16] Destacamos, por exemplo, os créditos fiscais e as depreciações aceleradas.

Relativamente a estes incentivos, os mesmos podem apresentar-se sob duas formas básicas. A primeira traduz-se na aplicação do incentivo fiscal ao rendimento derivado da transmissão do *output* de I&D para um terceiro, seja através de um acordo de licenciamento ou da venda dos intangíveis. Na segunda, o incentivo pode referir-se ao uso direto do *output*, assumindo a forma de subsídios *ad hoc* e créditos fiscais concedidos em conexão com a aquisição de novos intangíveis para serem explorados pela respetiva empresa, ou adotando a forma de tributação mais baixa dos lucros derivados da venda de bens ou da prestação de serviços realizada por meio do uso dos intangíveis em questão. Caso o incentivo fiscal assuma esta última forma, não nos podemos olvidar da necessidade de identificar a parte dos lucros que é imputada ao uso direto do *output* de I&D[17].

Em face do exposto, podemos concluir que os *output tax incentives* são concedidos num momento posterior ao desenvolvimento do intangível, implicando já um certo caminho percorrido com êxito. Tratam-se de incentivos atribuídos numa fase em que as empresas proprietárias dos intangíveis tentam proceder à sua rentabilização e exploração. Nestes termos, se por um lado, no que concerne aos *input tax incentives* apenas se exige o preenchimento de requisitos objetivos para a sua concessão, o acesso aos *output tax incentives* acaba por apresentar-se

[17] Arginelli (2015), p.29.

mais dificultado, uma vez que a empresa beneficiária terá que ter criado, desde o início, um conjunto de condições tendentes ao sucesso do seu projeto.

Relativamente aos *output tax incentives*, os que merecem maior destaque pela crescente adesão por parte dos membros da UE, nos últimos anos, são as *Patent Boxes*[18], que abordaremos adiante.

[18] Por vezes, surgem com a designação alternativa de Regimes de Propriedade Intelectual (em inglês: *IP Box regimes*).

# 3. A possibilidade de diferentes *Patent Boxes* na UE até 30 de junho de 2021

## 3.1. Considerações iniciais sobre a *Patent Box*

O regime da *Patent Box* confere um tratamento fiscal preferencial aos rendimentos derivados da transferência e/ou uso direto dos ativos intangíveis, em especial das patentes. Essencialmente, trata-se da aplicação de uma taxa de imposto efetiva significativamente mais baixa a estes rendimentos[19].

Na última década, tem-se constatado um aumento expressivo do número de EM da UE aderentes ao regime supramencionado, contabilizando-se, atualmente, doze Estados[20]. Todos os aderentes

[19] Danon (2015), p.37 e Arginelli (2015), p.29.

[20] Na UE, o regime da *Patent Box* encontra-se em vigor nos seguintes EM: Bélgica, Chipre, França, Hungria, Luxemburgo, Malta, Holanda, Portugal, Espanha, Reino Unido, Itália e Irlanda, sendo que ao regime irlandês não é aplicável este limite temporal de 30 de junho de 2021,

enveredaram pela introdução do referido regime, a fim de tornar as suas jurisdições mais atrativas para a localização dos ativos intangíveis. Não obstante, no que concerne à sua estrutura global, ao âmbito de aplicação, às taxas de imposto nominal e à sua matéria coletável a que as referidas taxas são aplicadas, as *Patent Boxes* acabam por se distinguir de país para país[21].

É inegável que a introdução da *Patent Box* num determinado Estado atrai novos investimentos por parte de outros países e estimula o desenvolvimento de atividades adicionais de I&D por parte dos próprios residentes. Todavia, os efeitos globais da introdução do regime supramencionado no orçamento e no nível do bem-estar do respetivo Estado são incertos, porquanto ao consagrar uma redução da taxa média efetiva de imposto sobre projetos lucrativos conduz à redução do imposto sobre as sociedades aplicável à transferência e/ou uso direto dos intangíveis[22].

já que o mesmo entrou em vigor após o Relatório Final da Ação 5 do BEPS – cujo tema abordaremos no capítulo seguinte – sendo com ele conforme. *Vd.* Deloitte (2015) – "International Tax – Ireland Tax Alert – Budget (...)".

[21] Arginelli (2015), p.29.

[22] Atentemos que, o governo italiano, após a adesão ao regime da *Patent Box* em 2015, estimou que até 2019, a introdução do regime teria um impacto anual negativo de € 182 000 000,00. Também o governo holandês, em 2015, publicou os efeitos que a criação do regime *Patent Box* holandês teve na receita fiscal, sublinhando o custo orçamental de € 345 000 000,00 em 2010, € 601 000 000,00 em 2011

Na UE, os EM que haviam adotado este regime tiveram que proceder a alterações, no decorrer da emissão de orientações internacionais[23], podendo, todavia, manter a aplicação transitória do seu regime até 30 de junho de 2021, data limite para a sua total abolição.

Como até esse momento, regimes consideravelmente divergentes entre si ainda poderão produzir efeitos, propomo-nos identificar de seguida os seus traços gerais.

### 3.1.1. Ativos intangíveis qualificáveis para a *Patent Box*

Até 30 de junho de 2021, no que diz respeito aos ativos intangíveis qualificáveis para a *Patent Box*, as diferenças não são de negligenciar.

Desde logo, salientamos que, enquanto todas as *Patent Boxes* dos países da UE a que a ela aderiram incluem no seu âmbito de aplicação o rendimento derivado de intangíveis comerciais que não sejam

e 852 000 000,00 em 2012. Concluímos, assim, que o rendimento adicional gerado pela entrada em vigor do incentivo fiscal poderá não ser suficiente para compensar a redução da taxa de imposto efetiva. Especialistas na matéria referem que a perda de receita aumenta à medida que outras jurisdições aderem ao regime da *Patent Box*. *Vd. Id.* pp.29 e 30.

[23] Tema que aprofundaremos no capítulo seguinte.

intangíveis de *marketing*[24] – apesar de nem todos estes serem sempre qualificáveis – alguns regimes também incluem no seu escopo os intangíveis de *marketing*[25].

Cumpre-nos, igualmente, referir que os doze regimes da *Patent Box* se aplicam aos rendimentos provenientes das patentes. No entanto, apenas sete[26] incluem o rendimento derivado de desenhos e modelos e dois[27] abarcam o rendimento proveniente dos modelos de utilidade. Ademais, existem seis[28] países cujos regimes incluem, em matérias de

[24] A definição de intangíveis comerciais engloba as patentes, o *know-how*, desenhos e modelos que são utilizados para a produção de bens e para o fornecimento de serviços, assim como os direitos intangíveis que são eles próprios ativos da empresa transferidos para clientes ou usados na operação negocial. Por outro lado, os intangíveis de *marketing* traduzem um tipo especial de intangíveis comerciais que incluem marcas registadas e designações comerciais auxiliadoras na exploração comercial de um produto ou serviço, listas de clientes, canais de distribuição, nomes exclusivos, símbolos ou imagens que tenham um importante valor promocional para o produto em questão. No domínio da língua inglesa, os intangíveis comerciais que não sejam intangíveis de *marketing* são referidos como *trade intangibles*. *Vd.* OECD (2010), pp.192 e 193.

[25] Arginelli (2015), p.31.

[26] Chipre, Hungria, Luxemburgo, Holanda, Portugal, Espanha e Itália. *Vd. Id. Ibid.* p.31; al. b) do n.º1 do art. 50.º-A do CIRC; n.º1 do art. 23.º da *LIS* alterado pelo art. 62.º da *Ley 48/2015, de 29 de outubro*.

[27] Luxemburgo e Itália. *Vd.* Arginelli (2015), p.31 e ponto (ii) do art. 6 do *Decreto 30 luglio 2015*.

[28] Bélgica, França, Luxemburgo, Reino Unido, Irlanda e Itália. Relativamente ao Estado irlandês, nesta matéria, incluem-se não apenas alguns certificados complementares de proteção produtos medicinais,

intangíveis qualificáveis, os certificados complementares de proteção, normalmente utilizados na indústria farmacêutica. Países há em que as suas *Patent Boxes* são aplicáveis aos rendimentos derivados de fórmulas secretas[29], aos processos e informação[30] e ao *know-how*[31]. Os *softwares* protegidos por direitos de autor estão incluídos na categoria dos ativos qualificáveis para o regime em sete[32] dos doze países. Referimos, ainda, que do total dos países aderentes ao regime da *Patent Box*, três[33] incluem no âmbito da sua aplicação os rendimentos derivados de outros tipos de direitos de autor. Resta-nos ainda apelar para o facto de cinco[34] países da UE admitirem a aplicação da *Patent Box* aos rendimentos derivados das marcas registadas e outros intangíveis de *marketing*.

Tendo em consideração tudo quanto referimos acima e não olvidando a necessidade de existência dos *output tax incentives* para que se possa alcançar

mas também de produtos fitofarmacêuticos. *Vd. Id. Ibid.* p.31, *Revenue Operational Manual* (2016), p.3 e ponto (ii) do art. 6 do *Decreto 30 luglio 2015.*

[29] Como Chipre, Hungria e Espanha. *Vd.* Arginelli (2015), p.31.

[30] Hungria e Espanha. *Vd. Id. Ibid.*

[31] Chipre, Hungria, Itália e Espanha. *Vd. Id Ibid.* e ponto (v) do art. 6 do *Decreto 30 luglio 2015.*

[32] Chipre, Hungria, Luxemburgo, Malta, Holanda, Itália e Irlanda. *Vd.* Arginelli (2015), p.31; *Revenue Operational Manual* (2016), pp.3 e 4 e art. 6 do *Decreto 30 luglio 2015.*

[33] Chipre, Hungria e Malta. *Vd.* Arginelli (2015), p.31.

[34] Chipre, Hungria, Luxemburgo, Malta e Itália. *Vd. Id Ibid.* e ponto (iii) do n.º1 do art. 6 do *Decreto 30 luglio 2015.*

um aumento das externalidades positivas provenientes do desenvolvimento e do uso direto dos intangíveis inovadores, concluímos que os regimes da *Patent Box* devem restringir o seu âmbito de aplicação aos designados *trade intangibles*, porquanto apresentam maior probabilidade de gerar as externalidades desejáveis. Ao invés destes, no plano dos intangíveis de *marketing*, as empresas tendem a absorver os benefícios das atividades no domínio da comercialização[35].

Devemos, igualmente, salientar que aliado aos ativos intangíveis, encontramos, usualmente, o conceito de registo. Assim, cumpre-nos referir que, normalmente, não se exige que o respetivo registo seja efetuado no Estado de residência do contribuinte. Todavia, casos[36] há em que o critério de registo aplicável pelo Instituto de Registos estrangeiro tem que ser, obrigatoriamente, comparável ao aplicável pelo Instituto de Registos nacional[37]. Na mesma linha de orientação, por regra, os regimes não exigem que as atividades que conduzem à criação dos intangíveis[38] sejam realizadas em território nacional[39]. Ora, a possibilidade de o registo e a realização das *input activities* poderem ser efetuados em território estrangeiro

[35] Neste sentido, *vd.* Evers, Miller e Spengel (2013), p.9.

[36] Como, por exemplo, em França e em Malta. *Vd. Id.* p.10.

[37] *Id. Ibid.*

[38] As designadas *input activities.*

[39] Arginelli (2015), p.32.

decorre das liberdades fundamentais estabelecidas no TFUE e no Acordo sobre o EEE[40].

No âmbito da categoria dos intangíveis qualificáveis para a *Patent Box*, destacamos o facto de alguns regimes serem aplicáveis a este tipo de ativos desenvolvidos ainda antes da sua entrada em vigor. Por um lado, podemos afirmar que esta permissão não é adequada, porquanto conduz à entrega de receitas fiscais que não conheceram o propósito de estimular novos projetos de I&D[41]. Trata-se, por isso, de uma forma de conceder lucros adicionais a projetos anteriores à entrada em vigor do regime[42]. Porém, se nos concentrarmos na perspetiva de estimular o uso direto de intangíveis valiosos pelas empresas locais[43], esta aplicação do regime a intangíveis desenvolvidos antes da sua entrada em vigor poderá ser vista como uma medida política razoável, relevando apenas o momento em que foi adquirido o direito de uso daquele ativo, bem como o momento em que o mesmo foi realmente disponibilizado para uso direto por parte da empresa local[44].

A qualificação de ativos intangíveis adquiridos para o regime, ao contrário da que diz respeito aos autodesenvolvidos, é um outro aspeto sobre o qual

[40] *Id. Ibid.*

[41] *Id. Ibid.*

[42] Evers, Miller e Spengel (2013), p.10.

[43] Aqui, incluímos residentes e não residentes que desenvolvam o seu negócio no país de forma permanente. *Vd.* Arginelli (2015), p.32.

[44] *Id. Ibid.*

os diversos países aderentes ao regime da *Patent Box* diferem. Todavia, a grande maioria permite a aplicação do incentivo aos intangíveis adquiridos sem estabelecer limitações expressivas[45]. Ainda assim, referimos o caso da Holanda que não inclui a aquisição de intangíveis no âmbito de aplicação do seu regime[46]. Apesar de a maior parte dos Estados incluir no escopo do seu regime os intangíveis adquiridos, consideramos relevante distinguir entre os que são usados diretamente e os que são transferidos para uma parte terceira. Ora, o facto de o ativo ter sido desenvolvido por um terceiro (parte relacionada ou não relacionada) não afasta a eficácia do incentivo, porquanto o propósito contempla o aumento das externalidades derivadas do uso direto dos intangíveis valiosos pelas empresas locais. Todavia, permitir que o rendimento resultante da transferência de intangíveis adquiridos beneficie do incentivo poderá colocar em causa o grande objetivo da *Patent Box* que se traduz no estímulo de novos projetos de I&D[47].

Por fim, a respeito dos Estados cujos regimes apenas são aplicáveis aos intangíveis autodesenvolvidos, questionamos se o incentivo abrange, igualmente, os intangíveis que resultam de atividades de I&D subcontratadas a partes terceiras, sejam relacionadas ou não relacionadas. Ora, desde que

[45] *Id. Ibid.*

[46] SCHRIEVERS e EMONT (2016), p.365.

[47] ARGINELLI (2015), p.33.

a parte principal gerencie e controle a parte que se encontra a desenvolver a atividade de I&D, os regimes acabam por ser aplicáveis a estes casos. Acontece que, se se pretende, através da *Patent Box*, reforçar e melhorar as atividades de criação de I&D, a fim de aumentar as externalidades positivas para a economia nacional, a aplicação do incentivo à subcontratação pode conduzir à menor eficiência do regime. Este aumento de ineficiência agrava-se quando o subcontratado é parte relacionada, na medida em que as atividades de gestão e controlo realizadas pela empresa local subcontratante apenas o são formalmente, acabando por ser uma diferente empresa do grupo a desenvolver a totalidade das atividades de I&D[48]. Concluímos, assim, que a subcontratação mais não é do que uma forma de contornar a exigência da aplicação do regime apenas a ativos autodesenvolvidos[49], podendo implicar uma certa ineficiência para o regime.

### 3.1.2. Tipos de rendimentos qualificáveis para a *Patent Box*

Tal como noutras matérias, os tipos de rendimentos qualificáveis para o regime da *Patent Box* variam consoante os Estados aderentes. Todavia,

[48] *Id. Ibid.*

[49] Evers, Miller e Spengel (2013), p.10.

normalmente, estes regimes no domínio desta matéria incluem os *royalties*[50] resultantes da licença de ativos intangíveis qualificáveis[51], bem como os ganhos resultantes da alienação destes ativos[52].

Cumpre-nos, ainda, salientar que há casos[53] onde os regimes incluem o rendimento nocional[54], ou seja, é englobado no regime o rendimento embutido na receita da venda de bens ou na prestação de serviços realizada através do uso dos intangíveis em questão. Estes países permitem, igualmente, que as empresas extraiam dos seus lucros a parte correspondente ao rendimento nocional[55] dos intangíveis usados nas suas atividades para, de seguida, lhe aplicar o regime da *Patent Box*[56].

50 *Vd.* Al. b) do §5 da NCRF 20 e al. b) do art. 2.º da Diretiva 2003/49/CE do Concelho de 3 de junho de 2003.

51 Conforme apresentámos no ponto 3.1.1. do nosso trabalho.

52 Arginelli (2015), p.33.

53 Referimos, por exemplo, o caso belga. *Vd. Id. Ibid.*

54 O rendimento nocional constitui um rendimento fictício. Trata-se de um rendimento que não foi fisicamente recebido. *Vd. Finance and Business Dictionary.*

55 O cálculo do rendimento nocional é habitualmente realizado com base nas regras dos preços de transferência para cada intangível em causa. Pretende-se calcular quanto é que uma parte não relacionada pagaria pelo direito de uso daquele intangível no âmbito de um negócio e circunstâncias semelhantes. *Vd.* Arginelli (2015), p.34.

56 *Id.* p.33.

### 3.1.3. Cálculo do rendimento qualificável para a *Patent Box*

Para proceder ao cálculo do rendimento qualificável, podemos ter por base o rendimento bruto ou o rendimento líquido. Trata-se de duas abordagens de cálculo que conduzem a resultados distintos quando aplicável a mesma taxa de imposto ou percentagem de dedução, desde logo porque o valor base será diferente.

No caso dos regimes que utilizam a abordagem do rendimento bruto, as despesas relacionadas com o rendimento qualificável para a *Patent Box* podem ser deduzidas a outros rendimentos não derivados das atividades de I&D aos quais é aplicável a taxa de imposto normal. Estamos perante uma abordagem que, apesar de exigir um sistema administrativo mais simples, cria assimetrias, desde logo, entre o rendimento bruto das atividades de I&D que é tributado à taxa reduzida de imposto e as despesas conexas com estas atividades que são deduzidas aos rendimentos do sujeito passivo não relacionado com I&D[57]. No âmbito desta abordagem, não conseguimos encontrar uma associação entre as despesas de I&D e o rendimento por elas gerado.

Por outro lado, quanto estamos perante a utilização da abordagem do rendimento líquido, as despesas são alocadas ao respetivo rendimento derivado

[57] *Id.* p.35.

das atividades de I&D, sendo por isso deduzidas à taxa mais baixa do regime da *Patent Box*. Estamos, por isso, perante uma abordagem que permite um tratamento simétrico entre as despesas e o rendimento[58]. No entanto, para que possamos calcular o rendimento qualificável por esta via, torna-se imperioso identificar os tipos de despesas dedutíveis ao rendimento bruto, especificando-se se os custos indiretos, as despesas de financiamento e as despesas gerais estão incluídas[59].

Ainda no âmbito das despesas, deparamo-nos com a questão relacionada com despesas de atividades de I&D incorridas no passado e que não foram capitalizadas na altura. Muitos regimes[60] não estabelecem a obrigação de recuperar as despesas deduzidas em exercícios anteriores, conduzindo, assim, a uma assimetria fiscal que será agravada nas situações em que são concedidos os designados *input tax incentives*, particularmente, créditos fiscais ou super-deduções. Verificamos, então, que existem disparidades no que diz respeito ao tratamento das despesas relacionadas com atividades de I&D. Uma alternativa, para extinguir as discrepâncias nesta matéria, seria o estabelecimento da aplicação do regime da *Patent Box* apenas para os intangíveis cujo custo de aquisição e/ou desenvolvimento não

[58] Evers, Miller e Spengel (2013), p.13.

[59] Arginelli (2015), p.35.

[60] Referimos, por exemplo, o regime belga e o francês. *Vd. Id. Ibid.*

tivesse sido previamente deduzido[61]. Todavia, esta alternativa apresenta-se inconveniente, porquanto atendendo à longa duração e aos elevados custos de muitos dos projetos de I&D, o facto de as empresas renunciarem à dedução das despesas correntes sem qualquer expectativa de beneficiar do regime da *Patent Box* no futuro, portanto, diferindo temporalmente a sua dedutibilidade seria extremamente oneroso para as mesmas, dificultando, ainda, a própria promoção das atividades de I&D[62].

[61] Esta alternativa encontra-se presente no regime de Malta. *Vd. Id.* p.36.

[62] *Id. Ibid.*

# 4. O Projeto BEPS

## 4.1. Contextualização e considerações iniciais sobre o Projeto BEPS

O fenómeno da globalização, apesar de potenciar inúmeros benefícios económicos, apresenta, igualmente, efeitos negativos. As empresas, procurando usufruir das vantagens deste fenómeno e almejando maximizar os seus lucros, aproveitam as brechas na interação das diferentes legislações dos vários países para reduzir a tributação a que estão sujeitas, conduzindo à erosão das bases tributárias e à transferência de lucros para o exterior[63].

[63] As práticas de erosão da base tributária e transferência de lucros destinam-se a remeter os lucros para onde a sua tributação seja mais baixa, assim como os gastos para onde a sua dedução seja maior. Estas práticas incluem, ainda, estratégias especificamente delineadas para aproveitar ao máximo dispositivos fiscais existentes como, por exemplo, créditos tributários e diferimentos de prejuízos. *Vd.* OECD (2013), *Addressing Base* (...), p.39 e OECD (2013), p.13.

Neste contexto, os governos ficam prejudicados com uma menor arrecadação de receita e com uma elevação dos custos para garantir o cumprimento das obrigações tributárias, conduzindo ao enfraquecimento da integridade do sistema tributário[64].

Os efeitos negativos atingem, igualmente, os contribuintes, uma vez que, quando a legislação permite que as empresas, a fim de reduzir a sua carga tributária, transfiram os seus rendimentos para fora das jurisdições onde as atividades produtivas são realizadas, os contribuintes residentes nessas jurisdições acabam por arcar com uma maior carga tributária[65].

Por último, os próprios negócios são afetados, já que as empresas que operam no mercado nacional não conseguem competir com as multinacionais que têm capacidade para transferir os seus lucros para o exterior, evitando ou reduzindo a tributação[66].

Urge-nos, ainda, referir que a interação dos regimes tributários dos diferentes países potencia não só situações de dupla tributação, como também casos em que os rendimentos ou não são tributados por nenhuma via, ou são-no, mas apenas à taxa nominal[67].

[64] OECD (2013), p.8.

[65] *Id. Ibid.*

[66] *Id. Ibid.*

[67] *Id.* p.9.

Depois do *Encontro de Los Cabos*, realizado nos dias 18 e 19 de junho de 2012, onde se reuniram os líderes do G20, e no qual se destacou a necessidade de prevenir a erosão da base tributária e a transferência de lucros, foi concedido um mandato à OCDE que se materializou no denominado Projeto BEPS[68], no âmbito do qual foram atribuídos amplos poderes aos intervenientes[69] para adotarem medidas de combate à evasão e elisão fiscais e ao planeamento fiscal agressivo[70].

Este Projeto, apresentando um objetivo e um alcance bem definidos, conduziu à criação de novas normas mundiais em matéria de tributação das sociedades e propôs um conjunto de medidas[71] que todos os membros do G20 e da OCDE se comprometeram a aplicar para combater a evasão e elisão fiscais das empresas e assegurar, a nível mundial, a concorrência leal no domínio da fiscalidade[72]. Todavia, dado que nestas matérias as medidas unilaterais apresentam uma eficácia muito limitada, é imperiosa a participação direta por parte de países em desenvolvimento, países não pertencentes à OCDE

[68] Oliveira (*s.d.*).

[69] OCDE, G20 e UE.

[70] Oliveira (*s.d.*).

[71] Referimos, por exemplo, as que resultam do acordo internacional alcançado relativamente à aplicação do *Modified Nexus Approach* (Abordagem Nexus Modificada), doravante MNA, aos regimes preferenciais no domínio da propriedade intelectual que abordaremos adiante.

[72] COM(2016) 24 final, pp.2 e 3.

e/ou ao G20, procurando que os mesmos adotem as medidas e os *standards* acordados no âmbito deste Projeto[73].

Cumpre-nos, ainda, referir que este deveria ser concluído num prazo de dois anos, traduzindo-se num plano de 15 ações, das quais destacamos a Ação 5 criada para "Combater de modo mais eficaz as práticas tributárias prejudiciais, tendo em conta a transparência e a substância", e da qual resultaram alterações ao regime da *Patent Box*[74].

## 4.2. As recomendações da Ação 5

O trabalho desenvolvido no âmbito da Ação 5 sobre as práticas tributárias prejudiciais não é propriamente novo, uma vez que o Relatório da OCDE de 1998 já havia abordado o tema, criando o Fórum sobre Práticas Fiscais Prejudiciais[75] para esse efeito[76].

A referida Ação 5 solicita ao FPFP uma reformulação dos trabalhos relativos às práticas tributárias prejudiciais, priorizando o aumento da transparência e a presença obrigatória de uma atividade substancial em qualquer regime preferencial.

[73] OECD (2015), *Countering Harmful* (...), §3 das pp.11 e 12 e §154 da p.74 e OCDE (2015), §30 da p.13.

[74] OECD (2013), pp.14 – 24.

[75] Em inglês, *Forum on Harmful Tax Practices.*

[76] OECD (2015), §2 da p.11.

A respeito do aumento da transparência, destacamos o acordo realizado pela OCDE relativo à implementação do sistema obrigatório de troca de informação espontânea de acordos específicos com o contribuinte[77] – os designados *tax rulings* – que, na falta do referido intercâmbio, apresentam riscos de BEPS. Indubitavelmente, a disponibilização da informação é essencial para que as AT possam rapidamente identificar as áreas de risco, sendo, porém, fundamental assegurar o equilíbrio entre a pertinência da informação e a carga administrativa que a sua troca acarreta[78]. A este propósito, no âmbito do regime da *Patent Box*, deparamo-nos com a obrigação de trocar informação espontaneamente[79].

Como já referimos, outra prioridade definida pela Ação 5 consiste no reforço do critério da atividade substancial utilizado para determinar se um regime preferencial é ou não prejudicial, pretendendo realinhar a tributação dos rendimentos

[77] Os acordos específicos com o contribuinte traduzem-se em qualquer conselho, informação ou compromisso fornecido por uma autoridade fiscal a um contribuinte específico ou grupo de contribuintes no que se refere às suas situações fiscais e sobre as quais tem direito a pautar a sua conduta. Oferecem segurança e previsibilidade, evitando, assim, o surgimento de conflitos fiscais. Dada a sua importância, a preocupação sobre o seu nível de transparência é abordada, pela OCDE, desde o início dos trabalhos realizados em matéria de práticas fiscais prejudiciais. *Vd.* OECD (2014), p.41 e OECD (2015), *Countering Harmful* (...), §93 das pp.46 e 47.

[78] OECD (2015), *Countering Harmful* (...), §§91 e 92 da p.46.

[79] *Id.* §103 da p.53.

obtidos com as atividades substanciais que os geram[80]. O FPFP, exigindo a aplicação deste critério, apenas descreve os limites exteriores de qualquer regime preferencial que conceda benefícios fiscais às atividades de I&D, sem que implique efeitos lesivos para outros países[81].

Para definir este critério de atividade substancial no âmbito de um regime como o da *Patent Box*, o Fórum analisou três métodos diferentes[82].

O primeiro exigia que o contribuinte desempenhasse um certo número de atividades de desenvolvimento significativas[83]. Neste método, destacamos o uso de conceitos indeterminados como "certo número" e "significativas", justificando, desta forma, na nossa opinião, a fraca utilização do mesmo por parte dos países comparativamente com os outros dois métodos seguintes.

O segundo método baseava-se nos princípios de preços de transferência e permitia que um regime concedesse os benefícios a todo o rendimento gerado pelos intangíveis sempre que se preenchessem as três seguintes condições: i) que o contribuinte tivesse localizado aspetos importantes, como parte de instalações e atividade, no Estado que oferecia o regime preferencial; ii) que fosse o proprietário legal dos intangíveis que dão direito aos benefícios

[80] *Id.* p.9.

[81] *Id.* §26 da p.24.

[82] *Id.* §27 da p.24.

[83] *Id. Ibid.*

fiscais e os usasse; e iii) que suportasse os riscos económicos desses intangíveis[84]. O facto de estes riscos correrem por conta do contribuinte beneficiário enquadra-se na própria lógica da concessão dos incentivos fiscais em matéria de I&D, ou seja, para além do seu propósito de estimular a I&D, pretende-se com a sua atribuição compensar os contribuintes envolvidos nestas atividades cujo êxito é sempre incerto.

Por fim, o terceiro método consiste na abordagem *nexus*[85] substituída depois pelo MNA que explicaremos adiante, dada a sua relevância para o tema.

### 4.3. As origens do MNA e as suas repercussões no regime da *Patent Box*

No âmbito do trabalho realizado pelo FPFP para definir o conceito de atividade substancial, o Relatório Intercalar da OCDE de 2014 criou a abordagem *nexus* que, sendo aplicável aos regimes da *Patent Box*, permite que as jurisdições forneçam benefícios fiscais aos rendimentos decorrentes de intangíveis qualificáveis, se existir um nexo direto entre esses rendimentos e as despesas suportadas para os gerar[86].

84 *Id. Ibid.*

85 *Id. Ibid.*

86 Arginelli (2015), p.54 e Delloite (2015) – "International Tax – OECD Tax Alert – BEPS (...)".

Em traços gerais, a abordagem *nexus* exige que o contribuinte beneficiário tenha, ele próprio, realizado as *input activities* de I&D que conduzem à criação ou desenvolvimento futuro de intangíveis geradores de rendimentos que beneficiam do regime da *Patent Box*, obrigando-o a rastrear o rendimento e as despesas em causa para o cálculo dos benefícios fiscais. Ademais, esta metodologia limita o âmbito material do regime às patentes e intangíveis funcionalmente equivalentes, exigindo, ainda, que o rendimento qualificável seja calculado com base na abordagem do rendimento líquido[87].

Todavia, após a publicação do referido Relatório Intercalar, o Reino Unido e a Alemanha apresentaram uma proposta em conjunto que foi adotada pela OCDE e que se traduz numa versão alternativa da abordagem *nexus* recebendo como designação *Modified Nexus Approach*, em português: Abordagem *Nexus* Modificada[88], tendo sido acordada no seio do FPFP e aprovada pelo G20[89].

O MNA, preservando a maior parte das caraterísticas da abordagem *nexus* original, foca-se no local onde as despesas de I&D para o desenvolvimento da patente ou do produto foram incorridas. Exige, assim, que, no caso da *Patent Box*, as atividades eco-

[87] Arginelli (2015), p.70 e Delloite (2015) – "International Tax – OECD Tax Alert – BEPS (...)".

[88] Arginelli (2015), p.62 e Delloite (2015) – "International Tax – OECD Tax Alert – BEPS (...)".

[89] OECD (2015), *Countering Harmful* (...), §27 da p.24.

nómicas substanciais sejam realizadas na jurisdição onde o regime preferencial existe, impondo, ainda, que os benefícios fiscais estejam diretamente conexos com as despesas de I&D[90].

Face ao seu conteúdo, foram várias as preocupações que diversos países suscitaram, nomeadamente no que concerne ao cálculo das despesas de I&D qualificáveis, à definição de uma metodologia de *tracking and tracing* das despesas de I&D que determinará se são ou não qualificáveis e, por fim, à transição entre os regimes, incluindo o período de transição entre os regimes[91].

Em resposta, a proposta apresentada permite que as jurisdições possam autorizar uma majoração das despesas qualificáveis, tendo, todavia, sempre em consideração que a base concetual do MNA pretende garantir que para uma proporção significativa do rendimento derivado da propriedade intelectual qualificável, uma proporção significativa das atividades de I&D tenha sido realizada pelo próprio contribuinte[92].

[90] Ao contrário da abordagem *nexus* original, o MNA vincula-se fortemente ao território do Estado que concede o incentivo fiscal, impondo que as despesas qualificáveis sejam realizadas, regra geral, nesse mesmo território. *Vd.* Germany-UK Joint Statement – *Proposals for New Rules for Preferential IP Regimes* e Arginelli (2015), pp.62, 63 e 70.

[91] OECD (2015), *Action 5: Agreement* (...), p.3.

[92] *Id. Ibid.*

Assim, esta majoração é limitada a 30%[93] das despesas qualificáveis e só pode ser concedida se as despesas de subcontratação a partes relacionadas e os custos de aquisição tiverem sido efetivamente realizados e não presumidos, impondo que o montante das despesas qualificáveis majoradas não exceda o total de despesas do contribuinte[94].

Destacamos que esta majoração visa assegurar que o MNA não penalize excessivamente os contribuintes que adquirem intangíveis ou subcontratam atividades de I&D para partes relacionadas, reconhecendo que estes, nestas situações, podem ser responsáveis por uma grande parte da criação de valor que contribuiu para o rendimento derivado dos intangíveis[95].

É às jurisdições que compete fornecer as suas próprias definições de despesas qualificáveis, devendo, porém, assegurar que estas se destinam tão só às atividades efetivas de I&D e que sejam consideradas no ano em que foram incorridas, independentemente do seu tratamento contabilístico ou fiscal[96].

93 Percentagem determinada tendo em consideração as despesas de subcontratação a partes relacionadas e os custos de aquisição, incluídos nas despesas totais, mas excluídos das despesas qualificáveis. *Vd. Id. Ibid.*

94 OECD (2015), *Countering Harmful* (...), §40 da p.27.

95 *Id.* §41 da p.28.

96 *Id.*§39 da p.27.

O MNA aplicado ao regime da *Patent Box* traduz-se numa análise proporcional ao rendimento, onde a proporção de rendimento que pode beneficiar do regime é a mesma proporção que existe entre as despesas qualificáveis e as despesas totais[97], sendo que as primeiras incluem as despesas de I&D incorridas pelo próprio contribuinte e as despesas de subcontratação a partes não relacionadas[98].

No que se refere às despesas totais, estas devem ser definidas de tal maneira que se o contribuinte qualificável incorreu por ele próprio em todas as despesas, então permite-se que 100% do rendimento derivado do intangível beneficie do regime da *Patent Box*, pelo que não se inclui nas despesas totais aquelas que não se incluem nas qualificáveis. Alertamos, contudo, para o facto de os custos de aquisição e as despesas de subcontratação a partes relacionadas constituírem uma exceção, pois apesar de se incluírem nas despesas totais, não são qualificáveis. Daqui resulta que as despesas totais incluem as despesas qualificáveis, os custos de aquisição e as despesas de subcontratação a partes relacionadas[99].

A respeito dos intangíveis adquiridos, o MNA estabelece que nenhuma despesa incorrida antes da aquisição por qualquer parte será incluída nem em despesas qualificáveis, nem em despesas totais[100].

[97] *Id.* §29 da pp.24 e 25.
[98] *Id.* §44 da p.28.
[99] *Id.* §42 da p.28.
[100] *Id.* §52 da p.30.

Relativamente ao rendimento total, apesar de cada jurisdição definir este conceito de acordo com as suas normas internas, nos termos do MNA, este deveria ser proporcional, resultando da subtração ao rendimento bruto derivado dos intangíveis, num dado ano, as despesas dos ativos imputáveis a esse rendimento, calculadas de acordo com as normas tributárias de cada Estado[101].

Referimos, ainda, que, de acordo com a metodologia em causa, o rendimento total deveria incluir apenas o rendimento derivado do intangível, abrangendo *royalties*, mais-valias e outros rendimentos resultantes da venda do ativo, da venda de produtos e do uso de processos diretamente conexos com o intangível[102].

O cálculo da proporção de rendimento sujeita ao incentivo é realizado através da seguinte fórmula[103]:

$$\frac{\text{Despesas qualificáveis}}{\text{Despesas totais incorridas para o desenvolvimento do ativo}} \times \text{Total do rendimento derivado do ativo} = \text{Rendimento sujeito ao incentivo}$$

Salientamos que o requisito da atividade substancial cumprir-se-á quando a quantidade de rendimento que beneficia do incentivo proveniente da *Patent Box* não exceda a quantidade determinada pela fórmula do MNA[104].

[101] *Id.* §§46 e 47 da p.29 e Nota n.º 14 da p.42.

[102] *Id.* §48 da p.29.

[103] *Id.* §30 da p.25.

[104] *Id.* §32 da p.25.

Devemos, ainda, referir que, sendo o MNA baseado no nexo entre as despesas e os rendimentos, as jurisdições que introduzam a *Patent Box* têm que impor aos contribuintes beneficiários a obrigação de *track and trace*, ou seja, a obrigação de acompanhar, seguir, rastrear, monitorizar as despesas, os intangíveis e os rendimentos, garantindo que os rendimentos beneficiários têm origem nas despesas qualificáveis. O cumprimento desta obrigação, que deverá ser provado pelos próprios contribuintes junto da respetiva AT, visa evitar uma manipulação do volume de despesas totais a fim de inflacionar a quantia de rendimento beneficiária do regime[105].

Destacamos, igualmente, que o MNA impediu o acesso por parte de novos beneficiários, depois de 30 de junho de 2016, a regimes de propriedade intelectual existentes mas incompatíveis com esta abordagem. Ainda assim, se entrasse em vigor um regime compatível com o MNA antes dessa data, os novos beneficiários só poderiam beneficiar deste. Os regimes considerados incompatíveis com esta metodologia devem ser completamente abolidos até 30 de junho de 2021, permitindo-se, porém, através de normas de exceção, que durante 5 anos, ou seja, de 30 de junho de 2016 até à referida data, os mesmos continuem a operar e a conceder bene-

105 *Id.* §53 das pp.30 e 31.

fícios aos contribuintes ou intangíveis validamente registados antes de 1 de julho de 2016[106].

A aplicação do MNA apresenta especificidades também ao nível dos contribuintes beneficiários do regime em causa. Assim, nesta matéria, destacamos como qualificáveis as empresas residentes, os EP nacionais de empresas estrangeiras e os EP estrangeiros de empresas residentes que estejam sujeitos a tributação na jurisdição que concede os incentivos. Em matéria de EP, as despesas por si incorridas não se qualificam para os rendimentos da empresa detentora do EP suscetíveis de beneficiar do regime, se o mesmo EP não estiver a operar no momento em que é obtido o rendimento. Em qualquer caso, a jurisdição onde vigore a *Patent Box* deve certificar-se de que o mesmo intangível não é atribuído a ambos, isto é, à empresa detentora do EP e ao próprio EP[107].

Ao nível dos intangíveis qualificáveis, de acordo com o MNA, apenas as patentes e outros intangíveis funcionalmente equivalentes[108] que estejam

[106] OECD (2015), *Action 5: Agreement* (...), p.4 e Arginelli (2015), p.70.

[107] OECD (2015), *Countering Harmful* (...), §33 p.25 e Nota n.º4 da p.41.

[108] Como intangíveis funcionalmente equivalentes a patentes, referimos três categorias: i) as patentes em sentido amplo, onde se incluem, por exemplo, os modelos de utilidade e os certificados complementares de proteção; ii) *software* registado; iii) outros ativos que sejam não-óbvios, úteis e inovadores. A respeito desta última categoria, destacamos a necessidade de que estes intangíveis sejam atestados como funcionalmente equivalentes a patentes por um processo de certificação transparente realizado por uma agência governamental competente e independente da AT. Ademais, as jurisdições que

legalmente protegidos e sujeitos a processos de legalização e registo semelhantes podem beneficiar do regime da *Patent Box*, excluindo-se os intangíveis relacionados com *marketing*, como por exemplo as marcas[109].

Por fim, salientamos a possibilidade de as jurisdições tratarem a rácio do nexo como uma presunção *iuris tantum*[110]. Perante a ausência de informação sobre o contribuinte, o Estado determinaria o rendimento sujeito ao incentivo com base na rácio do nexo. Todavia, fazendo funcionar a referida presunção, o contribuinte teria, a possibilidade de, numa situação destas, provar que mais rendimentos, verificadas determinadas circunstâncias excecionais[111], deveriam também beneficiar do regime preferencial. É através destas circunstâncias excecionais que

concedem incentivos aos rendimentos derivados de ativos desta categoria devem notificar o FPFP da sua concessão, sendo que, todavia, apenas são qualificáveis para este incentivo os contribuintes cujo volume de negócios total do grupo ou da entidade singular não ultrapasse os 50 milhões de euros e o seu rendimento bruto derivado de todos os intangíveis não ultrapasse os 7,5 milhões de euros por ano, usando em ambos os casos a média dos últimos cinco anos. Por fim, destacamos que, o mais tardar até 2020, o FPFP procederá à revisão dos ativos desta categoria. *Vd. Id.* §§34, 35 e 37 da p.26.

[109] *Id.* §38 da p.27 e OECD (2015), *Action 5: Agreement* (...), p.5.

[110] A opção pela referida presunção exclui a possibilidade de majoração das despesas qualificáveis. *Vd.* OECD (2015), *Countering Harmful* (...), Nota n.º21 das pp.42 e 43.

[111] Referimos, por exemplo, a amortização total ou parcial na contabilidade financeira do contribuinte de um ativo de propriedade intelectual adquirido. *Vd. Id.* §67 das pp.35 e 36.

o contribuinte consegue provar que desenvolveu atividades de criação de valor superior às refletidas no cálculo do nexo. Caso as jurisdições recorram a esta presunção *iuris tantum*, não só deverão limitar as situações em que pode ser ilidida, como comunicar ao FPFP informações como, por exemplo, o número de casos em que foi utilizada[112].

Relativamente ao uso desta presunção, defendemos que esta aumenta a complexidade do sistema e os seus custos de execução, repercutindo-se, quer no beneficiário, quer na AT, devido à maior exigência de manutenção dos registos e processos de notificação e rastreamento adicionais, bem como um possível aumento de litígios resultante da dificuldade no estabelecimento da relação direta entre as despesas e os rendimentos[113].

[112] *Id.* §§67 – 69 das pp.35 e 36.

[113] Arginelli (2015), p.55.

# 5. O regime da *Patent Box* em Portugal

## 5.1. A introdução do regime em Portugal

Em Portugal, em 2014, realizou-se a grande reforma do CIRC centrada, sobretudo, no aumento da competitividade do sistema fiscal português, na promoção do investimento no país e na reafirmação da sua posição como uma porta privilegiada para os mercados emergentes de língua portuguesa[114].

Sendo a inovação um elemento crucial para a criação de valor, bem como para a distinção das empresas num mercado globalizado e procurando reforçar a atratividade do sistema jurídico-tributário nacional para as atividades de I&D, a Comissão para a Reforma do CIRC decidiu conceder um tratamento privilegiado aos rendimentos gerados por alguns

[114] Matos (2014), p.75.

ativos intangíveis, sobretudo os associados ao desenvolvimento tecnológico[115].

Assim, a Lei n.º2/2014, de 16 de janeiro, que deu corpo à Reforma do IRC, aditou o art. 50.º-A a este código, que analisaremos adiante, instituindo o regime da *Patent Box* em Portugal.

Salientamos que este regime pode ser combinado com outros incentivos já preexistentes como é o caso do SIFIDE II[116] que, sendo um exemplo de *input tax incentive*, permite uma maior dedução à coleta relativamente às despesas de I&D[117].

## 5.2. Análise crítica do art. 50.º-A do CIRC

O tratamento privilegiado concedido pelo regime da *Patent Box* português e que se encontra subjacente ao art. 50.º-A do CIRC traduz-se numa tributação de apenas 50% do valor dos rendimentos gerados por determinados ativos intangíveis qualificáveis[118].

[115] Santos e Ventura (coords.), (2014), p.227 e Comissão Para A Reforma Do Imposto Sobre O Rendimento Das Pessoas Coletivas (2013), p.176.

[116] Para além do SIFIDE II, referimos o BFC e o RFAI, encontrando-se todos regulados no CFI. *Vd.* Esteves, Oliveira e Rodrigues (2015), p.578.

[117] Matos (2014), p.77.

[118] *Vd.* N.º1 do art. 50.º-A do CIRC.

Porém, para que este incentivo seja concedido, é necessário que se preencham cumulativamente certas condições em diversos níveis que, criticamente, abordaremos de seguida.

### 5.2.1. Ao nível dos intangíveis qualificáveis

O n.º1 do art. 50.º-A do CIRC restringe o regime da *Patent Box* aos rendimentos provenientes de contratos que tenham por objeto a cessão ou utilização temporária de apenas dois tipos de direitos de propriedade industrial sujeitos a registo: patentes e desenhos ou modelos industriais.

Comparativamente com outros regimes[119] em vigor antes dos efeitos produzidos pela aprovação do MNA e que, mesmo sendo incompatíveis com esta metodologia, poderão ser aplicados até 30 de junho de 2021[120] – data imposta pelo Relatório Final da Ação 5 do BEPS como data limite para a sua abolição – o regime português apresenta-se mais restrito não admitindo como intangíveis qualificáveis, por exemplo, o *know-how*, as marcas registadas, o *software* e outros direitos de autor.

Portugal introduziu o regime da *Patent Box* quando já haviam sido iniciados os trabalhos no âmbito

[119] Referimos, por exemplo, os regimes da Hungria e Chipre.

[120] Apenas para os contribuintes ou intangíveis validamente registados antes de 1 de julho de 2016, conforme referimos no ponto 4.3. da nossa tese.

do Projeto BEPS e conhecidos os objetivos da sua Ação 5, pelo que acreditamos que o caráter mais restrito ao nível dos intangíveis qualificáveis possa justificar-se num fundado receio de implementar um regime que pouco tempo depois poderia ser considerado incompatível com as exigências acordadas ao nível da UE e da OCDE. Procurou-se, assim, implementar o regime de forma cautelosa e defensiva.

Todavia, desde 1 de janeiro de 2014 – data a partir do qual o regime da *Patent Box* português produziu efeitos – até 30 de junho de 2016 – data limite para o registo válido de novos contribuintes ou intangíveis aos quais é salvaguardada, até 30 de junho de 2021, a aplicação do regime revogado pela produção de efeitos do MNA, acreditamos que Portugal não tenha conseguido potenciar ao máximo os benefícios decorrentes de um regime como o da *Patent Box*, em virtude de o regime português se revelar pouco atrativo face ao de outras jurisdições.

Apesar de o MNA permitir a aplicação dos regimes revogados durante um período transitório de 5 anos, ou seja, até 30 de junho de 2021, os países onde já antes da aprovação desta metodologia vigoravam regimes como o da *Patent Box* tiveram que proceder a alterações em conformidade com o que foi acordado no seio do Projeto BEPS.

Assim, o DL n.º47/2016, de 22 de agosto, veio alterar o nosso regime da *Patent Box*. Todavia, no que concerne aos intangíveis qualificáveis não se registaram alterações. Tal, em muito se deve ao facto de o nosso regime ter sido implementado de modo defensivo e cauteloso, não elencando intangíveis qualificáveis incompatíveis com o ditado pelo Relatório Final da Ação 5 que esclarece questões como a da elegibilidade dos intangíveis no âmbito do MNA.

Nesta matéria, comparando o nosso regime com aquilo que o Relatório Final da Ação 5 permite, constatamos que a *Patent Box* portuguesa continua a ser mais restritiva. Desde logo, dado que o n.º1 do art. 50.º-A do CIRC utiliza apenas os termos "Patentes" e "Desenhos ou modelos industriais", entendemos que o legislador pretendeu colocar fora do alcance do regime o *software* registado, assim como aquilo que a OCDE refere no Relatório Final da Ação 5 como patentes em sentido amplo, incluindo, os modelos de utilidade, os certificados complementares de proteção, os ativos que garantem proteção às plantas e ao material genético e as designações de medicamentos órfãos, não se aplicando, portanto, aos intangíveis funcionalmente equivalentes[121].

Em Portugal, é frequente a criação de *software* por parte das empresas[122]. Assim, entendemos que

[121] *Vd.* Nota de rodapé n.º 108 do ponto 4.3. da nossa dissertação.

[122] Apesar de, frequentemente, este *software* não ser registado ou por desconhecimento dessa possibilidade por parte dos seus criadores ou porque, implicando custos, estes preferem proteger internamente o *software* no momento da sua construção, dificultando a descoberta do seu código-fonte.

a opção do legislador pela sua não elegibilidade para o regime poderá justificar-se no facto de, não havendo necessidade de atrair a criação e exploração deste intangível e, consequentemente, não se preenchendo o propósito da *Patent Box*, a sua inclusão apenas resultaria numa perda de receita fiscal para o Estado português.

Por outro lado, a justificação para a não elegibilidade de outros intangíveis poderá estar na tentativa de o Estado português evitar utilizações abusivas da lei por parte dos beneficiários qualificáveis.

Por fim, entendemos que, desde a entrada em vigor da *Patent Box* portuguesa até à data em que, sendo anterior às alterações produzidas pelo MNA, poderá ser tal qual aplicado, revelando-se um regime pouco atrativo relativamente aos de outras jurisdições, a ocorrência de externalidades positivas, assim como o nível de receita fiscal alcançado deverão ser proporcionalmente inferiores ao conseguido pelas *Patent Boxes* de outras jurisdições.

Porém, as recomendações emitidas pela OCDE no seio da aprovação do MNA e do Relatório Final da Ação 5, além de implicarem alterações nos diversos regimes das *Patent Boxes*, contribuíram para a sua maior homogeneização. Assim, ainda que a *Patent Box* portuguesa seja mais restrita que as recomendações emitidas, acreditamos que a ocorrência de externalidades positivas, bem como o nível de receita alcançado, no âmbito do regime alterado com produção de efeitos apenas para as patentes e desenhos ou modelos industriais registados em ou após 1 de julho de 2016[123] já não será proporcionalmente tão inferior quando comparado com outras jurisdições.

### 5.2.2. Ao nível dos beneficiários qualificáveis

Para que o tratamento privilegiado da *Patent Box* seja concedido, o n.º3 do art. 50.º-A do CIRC, exige a verificação cumulativa de certas condições com o objetivo de evitar uma utilização abusiva do regime.

Desde logo, nos termos da al. b) do n.º3 do art. 50.º-A, desde a sua redação originária, é exigido que o cessionário, portanto a parte com quem o cedente, que pretende beneficiar do regime, celebrou o contrato, use os direitos de propriedade industrial na prossecução de uma atividade de natureza comercial, industrial ou agrícola. Impõe-se, assim, que o cessionário efetivamente use aquele direito de propriedade industrial, procurando evitar que o cedente celebre o contrato com uma qualquer parte só para preencher o requisito e, consequentemente, beneficiar do regime.

Outra das condições, prevista na al. c) do n.º3 do artigo em questão, exige que os resultados do uso dos direitos de propriedade industrial pelo cessionário não se traduzam na entrega de bens ou prestações de serviços que criem gastos fiscalmente

[123] *Vd.* N.º1 do art. 3.º do DL n.º47/2016, de 22 de agosto.

dedutíveis no cedente ou numa sociedade integrada com este num grupo de sociedades sujeito ao RETGS[124], sempre que entre o cedente ou esta sociedade integrada no referido grupo e o cessionário se verifiquem relações especiais nos termos do n.º4 do art. 63.º do CIRC.

Exige-se, ainda, de acordo com a al. d) do referido n.º3, que o cessionário não seja residente em país, território ou região sujeito "a um regime fiscal claramente mais favorável constante de lista aprovada por portaria do membro do Governo responsável pela área das finanças".

Para as situações às quais seja aplicável a nova redação do art. 50.º-A do CIRC, a al. e) do n.º3 aditada pelo DL n.º47/2016, de 22 de agosto, impõe, igualmente, que o potencial beneficiário disponha de registos contabilísticos que possibilitem a identificação dos gastos e perdas incorridos ou suportados para a realização de atividades de I&D diretamente imputáveis ao direito de propriedade industrial objeto dos contratos previstos no n.º1 do mesmo artigo, bem como a organização dos referidos registos para distinguir nitidamente esses rendimentos dos restantes.

Relativamente às situações enquadradas na redação originária do art. 50.º-A aplicável até 30 de junho de 2021 às patentes e desenhos ou modelos industriais registados entre 1 de janeiro de 2014 e 30 de

[124] Previsto nos arts. 69.º e ss. do CIRC.

junho de 2016[125], o n.º3 do art. 3.º do DL n.º47/2016, que tem como epígrafe "Norma transitória", impõe a obrigação de dispor dos registos contabilísticos supramencionados. Exige-se, também, nos termos da al. a) do n.º3 do art. 50.º-A do CIRC – entretanto revogada pelo referido DL n.º47/2016 – que os direitos de propriedade industrial tenham resultado de atividades de I&D realizadas ou contratadas pelo próprio sujeito passivo. Ora, com a aprovação do MNA que se traduz numa metodologia fortemente vinculada ao território do Estado que atribui o incentivo, esta alínea deixou de fazer sentido, sendo, por isso, revogada e não considerada para efeitos de aplicação do regime às patentes e desenhos ou modelos industriais registados em ou após 1 de julho de 2016.

Por último, entendemos que a exigência da verificação cumulativa das condições supramencionadas revela-se justificada e até mesmo recomendada, sob pena de o regime da *Patent Box* poder ser abusivamente utilizado e não se lograr o desígnio do Projeto BEPS.

### 5.2.3. Ao nível do rendimento qualificável e do cálculo da dedução

O tratamento privilegiado é concedido aos rendimentos derivados de contratos que tenham por

[125] *Vd.* N.º2 do art. 3.º do DL n.º47/2016, de 22 de agosto.

objeto a cessão ou a utilização temporária de patentes e de desenhos ou modelos industriais, de acordo com o n.º1 do art. 50.º-A do CIRC.

Devemos, igualmente, referir que a *Patent Box* portuguesa, no n.º2 do artigo em análise, estende o âmbito da sua aplicação aos rendimentos resultantes da violação dos direitos de propriedade industrial consignados no seu n.º1, não tendo o DL n.º47/2016, de 22 de agosto, introduzido qualquer alteração a este propósito.

Acreditamos que a extensão do regime a estes rendimentos justificar-se-á, na medida em que os mesmos são recebidos sob a forma de indemnizações, de ressarcimentos, não sendo, por isso, imputáveis diretamente à atividade desenvolvida pelo beneficiário da *Patent Box*. De facto, apesar de estas indemnizações serem consideradas um rendimento, não faria sentido que, o sujeito indemnizado, não tendo desenvolvido qualquer ação ou comportamento para a sua obtenção, fosse tributado a 100% por esse rendimento. Assim, dado que estes rendimentos resultam apenas e tão só de um comportamento ilegal do infrator dos direitos de propriedade industrial, sendo, por isso, alheios aos comportamentos do indemnizado no desenvolvimento da sua atividade, entendemos justificar-se a concorrência para a determinação do lucro tributável em apenas metade do seu valor.

Por outro lado, o n.º4 do art. 50.º-A do CIRC, não tendo sido alterado pelo já mencionado DL n.º47/2016, não permite tributar em apenas 50% os rendimentos provenientes de prestações acessórias de serviços incluídas nos contratos de cessão ou utilização temporária dos direitos de propriedade industrial qualificáveis para o regime, obrigando, pelo contrário, à sua autonomização dos rendimentos decorrentes dos referidos contratos.

Desde logo, devemos explicitar o conceito de prestações acessórias de serviços incluídas nos contratos de cessão ou utilização temporária de direitos de propriedade industrial. Nos termos do n.º2 do art. 11.º da LGT, este conceito deve ser interpretado no mesmo sentido que lhe é atribuído pelo próprio ramo do direito, isto é, no caso, pelo Direito da Propriedade Industrial. Ora, não tendo o seu direito de origem, em particular o Código da Propriedade Industrial[126] determinado o seu sentido, resta-nos recorrer a uma interpretação teleológica do benefício estabelecido pelo legislador no n.º1 do art. 50.º-A do CIRC.

Com a introdução do n.º1 do artigo em análise, o legislador pretendeu acarinhar os rendimentos provenientes dos contratos de cessão ou utilização temporária das patentes e dos desenhos ou modelos industriais, tendo por base objetivos extrafiscais que se traduzem no incentivo ao aumento das atividades de I&D e na promoção dos níveis de invenção.

[126] Aprovado pelo DL n.º36/2003, de 5 de março, com a última alteração realizada pela Lei n.º46/2011, de 24 de junho.

Neste sentido, entendemos que o legislador, com base no referido n.º1 pretendeu abarcar os rendimentos que integram o núcleo essencial da propriedade industrial, isto é, aqueles que estão estritamente conexos com a ideia de invenção da patente ou do desenho ou modelo industrial e de que dela decorrem diretamente.

Ademais, se considerarmos como exemplos de prestações acessórias de serviços a instalação da patente ou do desenho ou modelo industrial registado e a formação do pessoal técnico necessária para a sua correta exploração, os rendimentos daqui decorrentes, não obstante serem essenciais para que a exploração da invenção se materialize, não integram o seu núcleo essencial, não estão diretamente relacionados com a ideia da invenção, sendo, por isso, considerados decorrentes de prestações acessórias.

Este n.º4 do art. 50.º-A do CIRC constitui, assim, uma disposição anti-abuso, uma vez que evita que os contribuintes convoquem, para a usufruição do benefício, todos os rendimentos provenientes de contratos de cessão ou de utilização temporária de patentes ou de desenhos ou modelos industriais, quer a sua proveniência esteja direta ou indiretamente relacionada com o direito de propriedade industrial registado em causa.

Apesar de o legislador ter alcançado o objetivo de evitar uma utilização abusiva do benefício estabelecido no n.º1 do preceito em análise, o seu n.º4 contribui, porém, para a geração de eventual litigiosidade no âmbito daquilo que pode e o que não pode ser considerado como prestação acessória de serviços.

Não obstante existir liberdade contratual, para se evitar a referida litigiosidade, sugeríamos que o próprio Direito da Propriedade Industrial introduzisse, explicitando, o conceito de prestações acessórias de serviços incluídas nos contratos de cessão ou utilização temporária de direitos de propriedade industrial ou que a AT emitisse instruções administrativas, a fim de delimitar o sentido deste conceito para efeitos fiscais.

Ainda assim, entendemos que a própria designação do conceito utilizada no n.º4 deveria ser alterada para "prestações de serviços acessórias ao direito de propriedade industrial registado", evitando gerar confusão no momento da sua interpretação.

Cumpre-nos, igualmente, salientar, ainda no âmbito da não elegibilidade dos rendimentos referidos no n.º4 do art. 50.º-A do CIRC, que, para se usufruir do benefício estabelecido no n.º1 do mesmo preceito, é necessário existir uma conexão direta entre este benefício atribuído aquando da obtenção de rendimentos provenientes da criação ou exploração de ativos de propriedade industrial e as despesas de I&D que o contribuinte tenha efetuado e que contribuíram diretamente para a criação ou para o desenvolvimento desses mesmos ativos. Acontece que, em primeiro lugar, as despesas de instalação ou de formação do pessoal técnico não são despesas de I&D, tratando-se, antes, de despesas ditas gerais, correntes. Em segundo lugar, os rendimentos provenientes da mencionada instalação e formação concedida não decorrem diretamente da criação ou exploração dos ativos de propriedade industrial. Assim, no caso dos rendimentos constantes do n.º4 do art. 50.º-A do CIRC, falha a referida conexão direta, justificando-se a sua não concorrência para a determinação do lucro tributável em apenas metade do seu valor.

Em matéria de rendimentos, referimos, igualmente, nos termos do n.º5 do preceito em análise, a consideração dos rendimentos provenientes da cessão ou utilização temporária de patentes ou de desenhos ou modelos industriais em apenas metade do seu valor para efeitos de cálculo da fração do IRC, calculado antes da dedução do crédito de imposto por dupla tributação jurídica internacional, correspondente aos rendimentos que possam ser tributados no estrangeiro, acrescidos da correção prevista no n.º1 do art. 68.º do CIRC e líquidos dos gastos suportados direta ou indiretamente para a sua obtenção[127].

[127] O âmbito do n.º1 do art. 91.º do CIRC abrange as situações em que um contribuinte português obteve rendimentos sobre os quais incidiu já um imposto estrangeiro, mas que, apesar disso, foram incluídos nos seus lucros fiscais, permitindo-lhe então fazer uma dedução correspondente à menor das seguintes importâncias: i) imposto sobre o rendimento pago no estrageiro; ii) fração do IRC, calculado antes da dedução, correspondente aos rendimentos que possam ser tributados

No que concerne ao cálculo da dedução, à luz da redação originária do art. 50.º-A do CIRC, aplicável até 30 de junho de 2021 para as patentes e desenhos ou modelos industriais registados entre 1 de janeiro de 2014 e 30 de junho de 2016, facilmente apuramos o montante do rendimento que usufrui da *Patent Box*.

De facto, a lei em vigor durante este hiato temporal não referia expressamente se o regime tinha em consideração o rendimento bruto ou o rendimento líquido no momento da sua aplicação. Acontece que, perante esta incerteza, a interpretação feita sobre a questão direcionou-se para a aplicação do regime ao rendimento bruto[128].

Assim, dado que a totalidade dos rendimentos provenientes de contratos que tenham por objeto a cessão ou a utilização temporária de direitos de patentes e desenhos ou modelos industriais, incluindo os decorrentes da violação desses direitos, está incluída no resultado líquido do período, teremos que deduzir metade do seu valor para que o benefício concedido pelo art. 50.º-A do CIRC seja efetivado.

Concretizando, expomos, o exemplo, por nós criado, da sociedade PAVIMENTOS, S.A.:

no estrangeiro, acrescidos da correção prevista no n.º1 do art. 68.º do CIRC, líquidos dos gastos suportados direta ou indiretamente para a sua obtenção. A este propósito, *vd.* Esteves, Oliveira e Rodrigues (2015), pp.591 e 592.

128 Neves (2013), p.1239.

> No ano de 2015, a sociedade PAVIMENTOS, S.A. registou um valor total de € 200 000,00 de rendimentos provenientes da cessão de uma patente registada nesse mesmo ano.

Considerando o que referimos anteriormente, a sociedade PAVIMENTOS, S.A., usufruirá do benefício concedido pelo art. 50.º-A do CIRC, realizando uma dedução de € 100 000,00 no campo 793 do Quadro 7 da sua DM22, estando o valor de € 200 000,00, correspondente à totalidade daqueles rendimentos, incluído no resultado líquido do período no campo 701 do mesmo Quadro 7.

Por forma a dissiparmos eventuais dúvidas, referimos, desde já, que, quer seja aplicada a anterior ou a atual redação do art. 50.º-A do CIRC, atendendo à al. e) do n.º2 do art. 23.º, ao art. 23.º-A *a contrario* e aos n.ºs 1 e 2 do art. 32.º, todos do CIRC, os gastos e perdas incorridos ou suportados para a realização das atividades de I&D que contribuíram para o desenvolvimento do direito de propriedade industrial são fiscalmente dedutíveis, pelo que basta inscrever no campo 793 do Quadro 7 da DM22 o valor da dedução resultante da aplicação do preceito em análise, mais concretamente, da fórmula do seu n.º8 que explicaremos adiante.

A respeito do apuramento do montante de rendimento que usufrui da *Patent Box*, considerando a nova redação do art. 50.º-A do CIRC dada pelo DL n.º47/2016, de 22 de agosto, aplicável apenas às patentes e aos desenhos ou modelos industriais registados em ou após 1 de julho de 2016, temos que tecer, primeiramente, algumas considerações.

Desde logo, nos termos do n.º6 do artigo em causa, aditado pelo referido DL, o rendimento proveniente de contratos de cessão ou utilização temporária de direitos de propriedade industrial é entendido como o saldo positivo entre os rendimentos e ganhos obtidos no período de tributação em causa e os gastos ou perdas incorridos ou suportados nesse mesmo período, pelo sujeito passivo para a realização das atividades de I&D que originaram ou beneficiaram o direito de propriedade industrial ao qual é imputável o rendimento.

Assim, com a inclusão deste n.º6, ficou claro que o regime da *Patent Box* portuguesa estabelece a abordagem do rendimento líquido, considerando apenas o mesmo para o cálculo do seu montante que beneficiará do regime.

Acontece que, o DL supramencionado aditou, também, o n.º7 ao art. 50.º-A, impondo que o benefício decorrente da *Patent Box* só seja aplicável à parte do referido rendimento líquido, calculado nos termos do seu n.º6, que exceda o saldo negativo acumulado entre os rendimentos e ganhos relativos a cada direito de propriedade industrial e os gastos e perdas incorridos com a realização das atividades de investigação para o seu desenvolvimento, considerados fiscalmente nos períodos de tributação anteriores.

Face ao disposto neste n.º7, podemos inferir a exigência de uma alocação dos referidos saldos negativos acumulados ao rendimento líquido calculado nos termos do n.º6 para computar o rendimento que poderá usufruir do regime.

O regime da *Patent Box* português permite, através deste n.º7, que uma empresa com dupla atividade, isto é, que desenvolva a sua atividade normal e realize, simultaneamente, atividades de I&D, possa deduzir o saldo negativo entre os rendimentos e ganhos relativos a um determinado direito de propriedade industrial e os gastos e perdas incorridos com a realização das atividades de investigação para o seu desenvolvimento num dado ano aos rendimentos gerados pela sua atividade normal. Não se impõe, assim, a obrigação de compensação dos saldos negativos, de cada ano, associados a um direito de propriedade industrial, apenas com rendimentos por ele gerados. Se assim não fosse, seria extremamente penalizador para uma empresa que desenvolvesse atividades de I&D, já que o êxito de um direito de propriedade industrial não é imediato, implicando que nos primeiros anos de I&D raramente se registem lucros.

Salientamos, ainda, que os saldos negativos referidos só não serão deduzidos aos rendimentos resultantes da atividade normal da empresa se, contabilisticamente, os gastos associados ao direito de propriedade industrial forem capitalizados no seu ativo, seguindo o reconhecimento contabilístico inicial dos intangíveis gerados internamente.

Clarificamos, agora, em termos práticos, o disposto nos n.ºs 6 e 7 através do exemplo, por nós criado, da sociedade PAVIMENTOS, S.A., admitindo que estamos perante uma sociedade que:

1) Para além da sua atividade normal, desenvolve atividades de I&D;
2) Registou uma patente no ano 1;
3) Não regista gastos nem perdas no âmbito da sua atividade normal nos diversos anos que apresentamos, apenas para facilitar a compreensão do funcionamento dos n.ºs 6 e 7 em causa;

**No ano 1:**

- Total de rendimentos e ganhos gerados pela atividade normal: € 300 000,00
- Total de rendimentos e ganhos gerados pela patente: € 0
- Total de gastos e perdas suportados com a investigação da patente: € 40 000,00

Logo,

- Gasto contabilístico com a patente aceite fiscalmente: € 40 000,00

- Resultado líquido do período: € 260 000,00[129]

**No ano 2:**

- Total de rendimentos e ganhos gerados pela atividade normal: € 450 000,00
- Total de rendimentos e ganhos gerados pela patente: € 0
- Total de gastos e perdas suportados com a investigação da patente: € 35 000,00

Logo,

- Gasto contabilístico com a patente aceite fiscalmente: € 35 000,00
- Resultado líquido do período: € 415 000,00[130]

**No ano 3, a Sociedade PAVIMENTOS, S.A. celebra um contrato de cessão de uma patente com outra sociedade, registando:**

- Total de rendimentos e ganhos gerados pela atividade normal: € 400 000,00
- Total de rendimentos e ganhos gerados pela patente: € 260 000,00

[129] Este resultado líquido do período corresponde ao lucro tributável, pressupondo que não existem outras correções a efetuar.

[130] Este resultado líquido do período corresponde ao lucro tributável, pressupondo que não existem outras correções a efetuar.

– Total de gastos e perdas suportados com a conclusão da patente: € 140 000,00

Logo,

– Total de rendimentos gerados no ano 3: € 660 000,00
– Gasto contabilístico suportado no ano 3 com a patente aceite fiscalmente: € 140 000,00

Assim,

– Resultado líquido do ano 3: € 520 000,00

Nos termos do n.º6 do art. 50.º-A do CIRC, na sequência da celebração do contrato de cessão da patente, apuramos um rendimento líquido proveniente deste intangível de € 120 000,00, resultante do seguinte cálculo:

€ 260 000,00 – € 140 000,00 = € 120 000,00

Todavia, não podemos olvidar a existência de um saldo negativo acumulado dos anos anteriores de € 75 000,00, resultante da soma dos saldos negativos do ano 1 e do ano 2, isto é:

€ 40 000,00 + € 35 000,00 = € 75 000,00

Assim, imaginando que o art. 50.º-A terminaria no n.º7, o benefício concedido pela *Patent Box* corresponderia a € 22 500,00 que equivale a metade do rendimento líquido que excede o saldo negativo acumulado entre os rendimentos e ganhos relativos, no caso, à patente e os gastos e perdas incorridos com a realização das atividades de investigação para o seu desenvolvimento, registados nos anos anteriores, sendo, assim, este o valor que deveria ser inscrito no campo 793 do Quadro 7 da DM22.

Ou seja,

50% × (€ 120 000,00 – € 75 000,00) = € 22 500,00

Por fim,

Pressupondo que não haveria mais correções a efetuar, o lucro tributável da sociedade PAVIMENTOS, S.A. no ano 3 seria de € 497 500,00, resultando do seguinte cálculo:

€ 520 000,00 – € 22 500,00 = € 497 500,00

Cumpre-nos, referir que, na sequência do n.º7 do artigo em análise, para que haja um controlo efetivo e um apuramento correto dos valores estabelecidos no art. 50.º-A, sugerimos que a empresa em questão elabore um documento, uma tabela que integre o seu *dossier* fiscal, onde constem os vários períodos de tributação, os rendimentos e ganhos auferidos em cada um desses períodos relativos ao direito de propriedade industrial, os gastos e perdas incorridos ou suportados em cada período concernentes ao referido direito de propriedade industrial, o rendimento líquido e saldo apurados nos diversos anos.

Dado que o n.º7 do artigo em análise não define o limite máximo de anterioridade do saldo negativo acumulado a ser considerado para efeitos do cálculo do montante de rendimento que irá beneficiar do regime e uma vez que o valor deste rendimento beneficiário será tanto maior quanto menor for o registo do número de períodos de tributação anteriores em que se deduziram os saldos negativos entre os rendimentos e ganhos e gastos e perdas associados ao intangível, a AT deveria impor aos contribuintes qualificáveis a obrigação de conservar no seu *dossier* fiscal todos os registos supramencionados desde o início da investigação. Acreditamos, por isso, que para evitar utilizações abusivas do regime, não é suficiente a conservação dos livros, registos contabilísticos e respetivos documentos de suporte relativos à realização da atividade de I&D pelo atual período de 10 anos, imposto pelo n.º4[131] do art. 123.º do CIRC.

[131] Conforme redação dada pela Lei n.º 7-A/2016, de 30 de março, aplicando-se aos períodos de tributação que se iniciem a partir de 1 de janeiro de 2017. Por outro lado, a redação anterior do n.º4 do art. 123.º do CIRC, dada pela Lei n.º 2/2014, de 16 de janeiro, aplicável aos períodos de tributação que se iniciem, ou aos factos tributários que ocorram, em ou após 1 de janeiro de 2014, impunha um prazo de 12 anos.

Acontece que, o artigo 50.º-A não termina no seu n.º7, na medida em que o DL n.º47/2016, de 22 de agosto, aditou os n.ºs 8 e 9, cuja aplicação se restringe apenas às patentes e aos desenhos ou modelos industriais registados em ou após 1 de julho de 2016.

Este n.º8 veio estabelecer uma limitação à dedução de metade dos rendimentos supramencionados, estipulando que a mesma não pode exceder o montante resultante da aplicação da seguinte fórmula, elaborada a partir da fórmula apresentada pelo Relatório Final da Ação 5 e com a qual deve ser concordante:

$$\frac{\text{Despesas qualificáveis incorridas para desenvolver o ativo protegido pela Propriedade Industrial}}{\text{Despesas totais incorridas para desenvolver o ativo protegido pela Propriedade Industrial}} \times \text{Total do rendimento derivado do ativo de PI} \times 50\%$$

onde:

i) As despesas qualificáveis correspondem aos gastos e perdas incorridos e suportados pelo sujeito passivo com atividades de I&D por este realizadas de que tenha resultado, ou que tenham beneficiado, o direito de propriedade industrial em causa, assim como os concernentes à contratação de tais atividades com qualquer outra entidade com a qual não esteja em situação de relações especiais de acordo com o n.º4 do art. 63.º;

ii) As despesas totais correspondem ao total de gastos ou perdas incorridos ou suportados pelo sujeito passivo para a realização das atividades de I&D de que tenha resultado, ou que tenham beneficiado, o direito de propriedade industrial em causa, incluindo os contratados com entidades com as quais esteja em situação de relações especiais de acordo com o n.º4 do art. 63.º, assim como, quando aplicável, as despesas com a aquisição do direito de propriedade industrial;

iii) O total do rendimento derivado do ativo de PI corresponde ao montante apurado com base nos n.ºs 6 e 7 do preceito em causa.

Sobre esta fórmula, salientamos que, as definições dadas pelo n.º8 dos elementos que nela constam encontram-se em conformidade com o estabelecido no Relatório Final da Ação 5.

Todavia, mencionamos o pequeno erro de escrita relativo ao significado da sigla RT prevista no n.º8. Este número refere "Rendimento total derivado do ativo IP" quando deveria referir "Rendimento total derivado do ativo de PI". A sigla IP, que terá sido copiada da fórmula apresentada pelo Relatório Final da Ação 5, significa *Intellectual Property*. A sigla corretamente inscrita deveria ser "PI", significando Propriedade Industrial, que é, especificamente, o que está em causa no nosso regime.

A introdução do referido n.º9, em conformidade com o definido no Relatório Final da Ação 5, vem determinar, na sua al. a), para efeitos da aplicação da fórmula prevista no n.º8, apenas a consideração dos gastos ou perdas incorridos ou suportados diretamente relacionados com as atividades de I&D, excluindo, nomeadamente, das despesas qualificáveis, os gastos e perdas de natureza financeira como os juros, assim como os associados à aquisição, construção ou depreciação de imóveis. Porém, a al. b) do número em causa concede uma majoração de 30% do montante total das despesas qualificáveis incorridas para desenvolver o ativo protegido pela propriedade industrial, tendo como limite dessa majoração o montante das despesas totais incorridas para o seu desenvolvimento, em concordância com as orientações dadas pelo Relatório Final da Ação 5.

Assim, aplicando os n.ºs 8 e 9 e considerando o último exemplo que demos da sociedade PAVIMENTOS, S.A., o benefício concedido pelo regime da *Patent Box* só corresponderia a € 22 500,00 se o valor das despesas qualificáveis fosse igual ao valor das despesas totais. Se assim não for, concluímos então que o valor do montante a deduzir no campo 793 do Quadro 7 da DM22 será sempre menor, utilizando esta fórmula do n.º8. Entendemos, por isso, que a sua introdução no nosso regime vem limitar o benefício atribuído pelos n.ºs 1 e 2, uma vez que a dedução a ser efetuada poder-se-á traduzir num valor inferior à metade dos rendimentos referidos nestes últimos números.

Concretizando, e para determinação do cálculo do imposto no ano 3 da referida sociedade PAVIMENTOS, S.A., beneficiária do regime da *Patent Box* portuguesa e cuja DM22 devidamente preenchida[132] juntamos no Anexo desta dissertação, consideramos que:

- Valor das despesas totais incorridas para desenvolver o ativo protegido pela Propriedade Industrial é de € 215 000,00, resultante do seguinte cálculo:

€ 40 000,00 + € 35 000,00 + € 140 000,00 = € 215 000,00

Sendo que, para demonstrar a aplicação prática da fórmula constante no referido n.º8, vamos admitir que do valor das despesas totais incorridas para desenvolver a patente em causa nos 3 anos,

[132] A DM22 anexada é o modelo em vigor a partir de janeiro de 2017, utilizado para apurar o imposto relativo ao ano de 2016. Assim, para efeitos de preenchimento consideramos o ano 3 como o ano 2016, ressalvando-se o facto de que para podermos incluir um período de tributação completo sob a vigência do novo regime da *Patent Box* portuguesa não tivemos em consideração a exigência da aplicação da nova redação do art. 50.º-A do CIRC apenas às patentes e desenhos ou modelos industriais registados em ou após 1 de julho de 2016. Assumimos, portanto, para facilitar a compreensão da aplicação prática da nova redação do art. 50.º-A do CIRC, que esta redação é aplicável às patentes e desenhos ou modelos industriais registados antes de 1 de julho de 2016.

€ 60 000,00 decorrem de despesas de subcontratação a partes relacionadas.

Assim,

Atendendo à definição de despesas qualificáveis dada pelo n.º9 do art. 50.º-A, não se incluindo as despesas de subcontratação a partes relacionadas, o seu valor decorrerá da subtração destas despesas de subcontratação ao valor das despesas totais incorridas para desenvolver a patente.

Ou seja,

Despesas qualificáveis = € 215 000,00 – € 60 000 =
= € 155 000,00

Assim, aplicando a fórmula do n.º8 do art. 50.º-A e tendo em consideração o seu n.º9:

€ 155 000,00 / € 215 000,00 × € 22 500,00 = € 16 220, 93[133]

Deste modo, e comprovando o que dissemos anteriormente, a sociedade PAVIMENTOS, S.A. teria que inscrever no campo 793 do Quadro 7 da sua DM22 do ano 3 o valor de € 16 220,93, conforme consta no Anexo da nossa dissertação. O valor a deduzir é, por isso, inferior a € 22 500,00 devido ao

[133] Valor arredondado com duas casas decimais.

facto de a sociedade PAVIMENTOS, S.A. registar despesas de subcontratação a partes relacionadas.

Não poderíamos, igualmente, deixar de comentar a própria designação do campo 793 da DM22. Consideramos que, a sua designação por "50% dos rendimentos de patentes e outros direitos de propriedade industrial (art.º 50.º-A)" é totalmente adequada para as situações enquadradas na redação anterior do art. 50.º-A do CIRC aplicável até 30 de junho de 2021. Todavia, entendemos que a referida designação não é apropriada para as situações às quais seja aplicável a nova redação do preceito em causa, dado que, como vimos, a dedução dos rendimentos de patentes e de outros direitos de propriedade industrial pode não corresponder a metade do seu valor. Assim, sugeríamos que a designação do mencionado campo 793 fosse alterada para apenas e tão só "Rendimentos de patentes e de outros direitos de propriedade industrial (art. 50.º-A)", permitindo enquadrar, correta e indubitavelmente, as situações às quais seja aplicável a redação anterior do art. 50.º-A, bem como as situações às quais se aplique a nova redação do preceito dada pelo DL n.º47/2016.

Por último, e na medida em que nos centramos nas empresas que realizam atividades de I&D, consideramos relevante comentar a associação destas empresas ao limite de dedução de prejuízos fiscais previsto no art. 52.º do CIRC, particularmente, no seu n.º1.

Ora, nos primeiros anos após, por exemplo, o registo de uma patente é comum não se apurar um rendimento líquido positivo, dado que os gastos e perdas associados às atividades de I&D apresentam valores elevados e a geração de rendimentos e ganhos não é imediata. Neste sentido, e considerando a incerteza do êxito de um direito de propriedade industrial e o objetivo do regime aumentar a atratividade do nosso país para a fixação dos direitos de propriedade industrial e dos rendimentos decorrentes da sua exploração, entendemos que o estabelecimento de um período de 5 anos para as não PME deduzirem os seus prejuízos fiscais nos termos do n.º1 do art. 52.º do CIRC se apresenta muito limitativo, uma vez que, em determinados setores de atividade, as empresas com longos ciclos de investigação poderão ser prejudicadas sob o ponto de vista fiscal, dada a impossibilidade de deduzir prejuízos fiscais após 5 anos a sua geração, ainda que tais prejuízos tenham origem nos elevados gastos de I&D suportados.

Consideramos, por isso, que seria importante o legislador ponderar a hipótese de definir, no art. 52.º do CIRC, um período especial, mais alargado, para a dedução de prejuízos fiscais de empresas que se dedicam a atividades de I&D, devendo tal dedução se limitar aos gastos de I&D suportados que não tenham sido capitalizados no ativo. O mesmo entendemos para as empresas às quais seja aplicado, nos termos do referenciado n.º1 do art. 52.º, um limite de dedução de prejuízos fiscais de 12 anos quando esta exerça, diretamente e a título principal, uma atividade económica de natureza agrícola, comercial ou industrial e esteja abrangida pelo do DL n.º372/2007, de 6 de novembro.

## 6. Conclusão

As *Patent Boxes* constituem um *output tax incentive* utilizado por diversos EM da UE, sendo que num momento pré-BEPS apresentavam-se muito diversificados.

Contudo, esta excessiva diversidade num espaço como o da UE, que se pretende harmonioso e homogéneo, fomenta as práticas tributárias prejudicais, a erosão da base tributável e a transferência de lucros entre países.

Procurando contrariar tal situação, surge a Ação 5 do BEPS no seio da qual se procede à delimitação do âmbito das *Patent Boxes*, contribuindo para a tal harmonia e homogeneidade pretendidas.

Assim, num momento pós-BEPS, alcançando-se os objetivos ambicionados, entendemos ser menos aliciante a comparação entre os regimes em vigor na UE, uma vez que as suas divergências tendem a soçobrar.

Relativamente a Portugal, uma vez que a introdução da *Patent Box* foi anterior à concretização da Ação 5, tornou-se imperioso proceder, em 2016, a uma alteração legislativa em conformidade com o definido no Relatório Final desta Ação.

Todavia, é da nossa opinião que a referida alteração foi pensada apenas para cumprir as vinculações internacionais, conduzindo a um regime com várias incógnitas e sem respostas óbvias. Deparámo-nos, assim, com uma *Patent Box* portuguesa que suscita vários problemas ao nível da sua aplicação prática, de tal ordem que até a própria AT e mesmo certas consultoras, quando por nós contactadas, sentiram dificuldade em dar resposta às questões que suscitámos.

Defendemos, por isso, uma nova alteração ao nosso regime no sentido de o clarificar, iluminada pelos contributos que oferecemos com a nossa dissertação e recomendamos a maior cautela no desenrolar deste labor, já que a lei deve ser a combinação perfeita entre o conhecimento teórico usado na sua elaboração e a sua objetividade e clareza pretendidas.

# BIBLIOGRAFIA

**Monografias, publicações periódicas e revistas científicas**

ARGINELLI, Paolo – "Innovation through R&D Tax Incentives: Some Ideas for a Fair and Transparent Tax Policy", *World Tax Journal*, 2015 (Volume 7), N.º1, pp.3 – 71.

BAL, Aleksandra e Dr. René OFFERMANNS – "European Union – R&D Tax Incentives in Europe", *European Taxation*, 2012 (Volume 52), N.º4, pp.167 – 175.

BERNABEU, Begoña Pérez – "European Union – R&D&I Tax Incentives in the European Union and State Aid Rules", *European Taxation*, 2014 (Volume 54), N.º5, pp.178 – 191.

DANON, Robert J.– "Tax incentives on Research and Development (R&D) – General Report", *Cahiers de droit fiscal international*, 2015 (Volume 100a), pp.17 – 56.

ESTEVES, Marcos e Sérgio OLIVEIRA e Paulo RODRIGUES – "Tax incentives on Research and Development (R&D) – Portugal", *Cahiers de droit fiscal international*, 2015 (Volume 100a), pp. 577 – 597.

LUJA, Raymond H.C. – "Tax incentives on Research and Development (R&D) – EU Report", *Cahiers de Droit International*, 2015 (Volume 100a), pp. 57 – 77.

MATOS, Francisco Cabral – "Practitioners' corner – Corporate Income Tax Reform Efforts in Portugal", *tax notes international*, 2014 (Volume 74), N.º1, pp.75 – 77.

NEVES, Tiago Cassiano – "Special reports – Opening Pandora's Box: 10 International Effects of Portugal's Corporate Tax Reform", *tax notes international*, 2013 (Volume 71), N.º13, pp.1223 – 1245.

SANTOS, António Carlos dos e André VENTURA (coords.), (2014) – "Aspetos Jurídico-Contabilísticos Na Recente Reforma do IRC", in *A Reforma do IRC – Do Processo de Decisão Política à Revisão do Código*, Lisboa: Grupo Editorial Vida Económica, pp.193 – 244.

SCHRIEVERS, Patrick e Mats EMONT – "Netherlands – Amendments and Developments Involving Netherlands Tax Incentives Promoting R&D Activities", *European Taxation*, 2016 (Volume 56), N.º8, pp.363 – 367.

## Documentos Oficiais

COMISSÃO PARA A REFORMA DO IMPOSTO SOBRE O RENDIMENTO DAS PESSOAS COLETIVAS 2013 – *Relatório Final – Uma Reforma Do IRC Orientada Para A Competitividade, O Crescimento E O Emprego* (2013).

EUROPEAN COMMISSION (2010) – *Europe 2020 – A strategy for smart, sustainable and inclusive growth*, COM 2020 final.

EUROPEAN COMMISSION (2016) – *External Strategy for Effective Taxation*, COM 24 final.

OCDE (2015), *Nota explicativa, Proyecto OCDE/G20 de Erosión de Bases Imponibles y Translado de Beneficios*, OCDE.

OECD (2010), *Transfer Pricing Guidelines for Multinational Enterprises and Tax Administrations*, OECD Publishing.

OECD (2013), *Action Plan on Base Erosion and Profit Shifting*, OECD Publishing.

OECD (2013), *Addressing Base Erosion and Profit Shifting*, OECD Publishing.

OECD (2014), *Countering Harmful Tax Practices More Effectively, Taking into Account Transparency and Substance, OECD/G20 Base Erosion and Profit Shifting Project*, OECD Publishing.

OECD (2015), *Action 5: Agreement on Modified Nexus Approach for IP Regimes.*

OECD (2015), *Countering Harmful Tax Practices More Effectively, Taking into Account Transparency and Substance, Action 5 – 2015 Final Report, OECD/G20 Base Erosion and Profit Shifting Project*, OECD Publishing, Paris.

Revenue Operational Manual (atualizado em agosto de 2016) – *Guidance Notes on the Knowledge Development Box.*

## Fontes Digitais

Blanco, Cristina García-Herrera (coord.), (2014) – "Los incentivos fiscales a la I+D+i a la luz de la reforma tributaria: la deducción por actividades de investigación, desarrollo e innovación tecnológica y el regime del patent box", in *Encuentro de Derecho Financiero y Tributario – La Reforma Del Sistema Tributario Español*, 3ª Edição, 2ª parte, Doc. N.º10/2015, Madrid: Instituto de Estudios Fiscales, pp.111 – 118, disponível em http://www.ief.es/documentos/recursos/publicaciones/documentos_trabajo/2015_10.pdf.

Delloite – "International Tax – Ireland Tax Alert – Budget 2016 includes introduction of knowledge development box and CbC reporting", 2015, disponível em https://www2.deloitte.com/content/dam/Deloitte/global/Documents/Tax/dttl-tax-alert--ireland-13-october-2015.pdf.

Delloite – "International Tax – OECD Tax Alert – BEPS action 5: Countering harmful tax practices more effectively taking into account transparency and substance", 2015, disponível em https://www2.deloitte.com/content/dam/Deloitte/global/Documents/Tax/dttl-tax-alert-oecd-8-october-2015.pdf.

Evers, Lisa, Helen Miller e Christoph Spengel– "Intellectual Property Box Regimes: Effective Tax Rates and Tax Policy Considerations", ZEW Discussion Paper No. 13-070, atualização de 2013, disponível em ftp://ftp.zew.de/pub/zew-docs/dp/dp13070.pdf.

*Finance and Business Dictionary*, disponível em http://www.finance-practitioner.com/dictionary.

Oliveira, Maurício, *(s.d.)* – "Combate à Erosão da Base Tributária e à Transferência de Lucros", *s.l.*, *s.n.*.

# ANEXO

MODELO EM VIGOR A PARTIR DE JANEIRO DE 2017

ANTES DE PREENCHER ESTA DECLARAÇÃO LEIA COM ATENÇÃO AS INSTRUÇÕES QUE A ACOMPANHAM

MUITO IMPORTANTE

**MINISTÉRIO DAS FINANÇAS**

AUTORIDADE TRIBUTÁRIA E ADUANEIRA

**DECLARAÇÃO DE RENDIMENTOS**

**IRC**

**MODELO 22**

**01 PERÍODO DE TRIBUTAÇÃO**

1 De 2016 / 01 / 01 a 2016 / 12 / 31

2 2016

**02 ÁREA DA SEDE, DIREÇÃO EFETIVA OU ESTAB. ESTÁVEL**

SERVIÇO DE FINANÇAS

1 CÓDIGO

**03 IDENTIFICAÇÃO E CARACTERIZAÇÃO DO SUJEITO PASSIVO**

1 DESIGNAÇÃO: PAVIMENTOS, S.A.

2 N.º DE IDENTIFICAÇÃO FISCAL (NIF): 2

**3 TIPO DE SUJEITO PASSIVO**

- 1 [X] Residente que exerce, a título principal, atividade comercial, industrial ou agrícola
- 2 [ ] Residente que não exerce, a título principal, atividade comercial, industrial ou agrícola
- 3 [ ] Não residente com estabelecimento estável
- 4 [ ] Não residente sem estabelecimento estável

**3-A QUALIFICAÇÃO COMO PEQUENA OU MÉDIA EMPRESA (PME)**

Se assinalou os campos 1 ou 3 do quadro 03 - 3, indique se se qualifica como PME nos termos previstos no anexo ao Decreto-Lei n.º 372/2007, de 6 de novembro — Sim 1 [X] Não 2 [ ]

**3-B ORGANISMOS DE INVESTIMENTO COLETIVO**

Indique se se trata de um Organismo de Investimento Coletivo tributado nos termos do artigo 22.º do EBF — 1 [ ]

**3-C IMPUTAÇÃO DE RENDIMENTOS (Art.º 5.º, n.º 9)**

É considerado um estabelecimento estável para efeitos da imputação prevista no n.º 9 do artigo 5.º? — Sim 1 [ ]

**4 REGIMES DE TRIBUTAÇÃO DOS RENDIMENTOS**

- Geral 1 [X]
- Isenção definitiva 3 [ ]
- Isenção temporária 4 [ ]
- Redução de taxa 5 [ ]
- Simplificado 6 [ ]
- Transparência fiscal 7 [ ]
- Artigo 36.º-A do EBF 12 [ ]
- Grupos de sociedades 8 [ ]
- NIF da sociedade dominante / Responsável (art.º 69.º-A, n.ºs 3 e 4) 9
- Pretende exercer a opção pelas taxas do art.º 87.º, n.º 1? (art.º 91.º, n.º 2 da Lei n.º 3 - B/2010, de 28 de abril) Sim 10 [ ]
- Ocorreu alguma das situações referidas no ex-art.º 87.º, n.º 7? Sim 11 [ ]

**4-A TRANSFERÊNCIA DE RESIDÊNCIA/CESSAÇÃO DA ATIVIDADE DE ESTABELECIMENTO ESTÁVEL/AFETAÇÃO DE ELEMENTOS PATRIMONIAIS (art.ºs 83.º, 84.º e 54.º-A, n.º 11)**

Se no período de tributação ocorreu transferência de residência, afetação de elementos patrimoniais a estabelecimento estável situado fora do território português, cessação da atividade ou transferência de elementos patrimoniais de estabelecimento estável situado em território português, indique o local de destino

1 [ ] Países da UE/EEE 2 [ ] Outros

**04 CARACTERÍSTICAS DA DECLARAÇÃO**

**1 TIPO DE DECLARAÇÃO**

- 1 [X] 1.ª Declaração do período
- 2 [ ] Declaração de substituição (art.º 122.º, n.ºs 1 e 2)
- 3 [ ] Declaração de substituição (art.º 64.º, n.º 4)
- 4 [ ] Declaração de substituição (art.º 120.º, n.ºs 8 e 9)
- 5 [ ] Declaração de substituição (art.º 64.º, n.º 4) fora do prazo legal
- 6 [ ] Declaração de substituição (art.º 122.º, n.º 3)

Data (Ano / Mês / Dia)

**2 DECLARAÇÕES ESPECIAIS**

- Declaração do grupo 1 [ ]
- Declaração do período de liquidação 2 [ ]
- Declaração do período de cessação 3 [ ]
- Declaração com período especial de tributação: Antes da alteração 4 [ ]; Após a alteração 5 [ ]
- Data da cessação (Ano / Mês / Dia) 6
- Declaração do período do início de tributação 7 [ ]
- Data da transmissão/aquisição (entidades não residentes sem estabelecimento estável) (Ano / Mês / Dia) 8

**3 ANEXOS**

- 1 [ ] Anexo A (Derrama Municipal)
- 2 [ ] Anexo B (antigo regime simplificado em vigor até 2010)
- 3 [ ] Anexo C (Regiões Autónomas)
- 4 [ ] Anexo D (benefícios fiscais)
- 5 [ ] Anexo E (regime simplificado)
- 6 [ ] Anexo F (OIC)

**05 IDENTIFICAÇÃO DO REPRESENTANTE LEGAL E DO CONTABILISTA CERTIFICADO**

NIF do representante legal 1

NIF do contabilista certificado 2

Data da receção (Ano / Mês / Dia) 3

| 07 | APURAMENTO DO LUCRO TRIBUTÁVEL | | |
|---|---|---|---|
| | RESULTADO LÍQUIDO DO PERÍODO | 701 | . 520 . 000 , 00 |
| | Variações patrimoniais positivas não refletidas no resultado líquido do período (art.º 21.º) e quota-parte do subsídio respeitante a ativos não correntes, não depreciáveis/não amortizáveis [art.º 22.º n.º 1, al. b) a al. d)] | 702 | |
| | Variações patrimoniais positivas (regime transitório previsto no art.º 5.º, n.ºs 1, 5 e 6 do DL n.º 159/2009, de 13/7) | 703 | |
| | Variações patrimoniais negativas não refletidas no resultado líquido do período (art.º 24.º) | 704 | |
| | Variações patrimoniais negativas (regime transitório previsto no art.º 5.º, n.ºs 1, 5 e 6 do DL n.º 159/2009, de 13/7) | 705 | |
| | Alteração do regime fiscal dos contratos de construção (correções positivas) | 706 | |
| | Alteração do regime fiscal dos contratos de construção (correções negativas) | 707 | |
| | SOMA (campos 701 + 702 + 703 - 704 - 705 + 706 - 707) | 708 | . 520 . 000 , 00 |
| A ACRESCER | Matéria coletável / lucro tributável imputado por sociedades transparentes, ACE ou AEIE (art.º 6.º) | 709 | |
| | Correções relativas a períodos de tributação anteriores (art.º 18.º, n.º 2) | 710 | |
| | Vendas e prestações de serviços com pagamento diferido: diferença entre a quantia nominal da contraprestação e o justo valor (art.º 18.º, n.º 5) | 711 | |
| | Gastos referentes a inventários e a fornecimentos e serviços externos com pagamento diferido: gastos de juros (art.º 18.º, n.º 5) | 782 | |
| | Anulação dos efeitos do método da equivalência patrimonial e do método de consolidação proporcional no caso de empreendimentos conjuntos que sejam sujeitos passivos de IRC (art.º 18.º, n.º 8) | 712 | |
| | Ajustamentos não dedutíveis decorrentes da aplicação do justo valor (art.º 18.º, n.º 9) | 713 | |
| | Pagamentos com base em ações (art.º 18.º, n.º 11) | 714 | |
| | Gastos de benefícios de cessação de emprego, benefícios de reforma e outros benefícios pós emprego ou a longo prazo dos empregados (art.º 18.º, n.º 12) | 715 | |
| | Gastos suportados com a transmissão onerosa de partes de capital (ex-art.º 23.º, n.ºs 3, 4 e 1.ª parte do n.º 5) | 717 | |
| | Provisões não dedutíveis ou para além dos limites legais (art.ºs 19.º, n.º 4 e 39.º) e perdas por imparidade fiscalmente não dedutíveis de ativos financeiros | 721 | |
| | IRC, incluindo as tributações autónomas, e outros impostos que direta ou indiretamente incidam sobre os lucros [art.º 23.º-A, n.º 1, al. a)] | 724 | |
| | Impostos diferidos [art.º 23.º-A, n.º 1, al. a)] | 725 | |
| | Despesas não documentadas [art.º 23.º-A, n.º 1, al. b)] | 716 | |
| | Encargos não devidamente documentados [art.º 23.º-A, n.º 1, al. c)] | 731 | |
| | Encargos evidenciados em documentos emitidos por sujeitos passivos com NIF inexistente ou inválido ou por sujeitos passivos cessados oficiosamente [art.º 23.º-A, n.º 1, al. c)] | 726 | |
| | Despesas ilícitas [art.º 23.º-A, n.º 1, al. d)] | 783 | |
| | Multas, coimas e demais encargos, incluindo juros compensatórios e moratórios, pela prática de infrações [art.º 23.º-A, n.º 1, al. e)] | 728 | |
| | Impostos, taxas e outros tributos que incidam sobre terceiros que o sujeito passivo não esteja legalmente obrigado a suportar [art.º 23.º-A, n.º 1, al. f)] | 727 | |
| | Indemnizações por eventos seguráveis [art.º 23.º-A, n.º 1, al. g)] | 729 | |
| | Ajudas de custo e encargos com compensação pela deslocação em viatura própria do trabalhador [art.º 23.º-A, n.º 1, al. h)] | 730 | |
| | Encargos com o aluguer de viaturas sem condutor [art.º 23.º-A, n.º 1, al. i)] | 732 | |
| | Encargos com combustíveis [art.º 23.º-A, n.º 1, al. j)] | 733 | |
| | Encargos relativos a barcos de recreio e aeronaves de passageiros [art.º 23.º-A, n.º 1, al. k)] | 784 | |
| | Juros e outras formas de remuneração de suprimentos e empréstimos feitos pelos sócios à sociedade [art.º 23.º-A, n.º 1, al. m)] | 734 | |
| | Gastos não dedutíveis relativos à participação nos lucros por membros dos órgãos sociais [art.º 23.º-A, n.º 1, al. o)] | 735 | |
| | Contribuição sobre o setor bancário [art.º 23.º-A, n.º 1, al. p)] | 780 | |
| | Contribuição extraordinária sobre o setor energético [art.º 23.º-A, n.º 1, al. q)] | 785 | |
| | Importâncias pagas ou devidas a entidades não residentes sujeitas a um regime fiscal privilegiado [art.º 23.º-A, n.º 1, al. r) e n.º 7] | 746 | |
| | 50% de outras perdas relativas a partes de capital ou outras componentes do capital proprio (ex-art.º 45.º, n.º 3, parte final) | 737 | |
| | Outras perdas relativas a instrumentos de capital próprio e gastos suportados com a transmissão onerosa de instrumentos de capital próprio de entidades não residentes sujeitas a um regime fiscal privilegiado (art.º 23.º-A, n.ºs 2 e 3) | 786 | |
| | Perdas por imparidade em inventários para além dos limites legais (art.º 28.º) e em créditos não fiscalmente dedutíveis ou para além dos limites legais (art.ºs 28.º-A a 28.º-C) | 718 | |
| | Perdas por imparidade de ativos não correntes (art.º 31.º-B) e depreciações e amortizações (art.º 34.º, n.º 1), não aceites como gastos | 719 | |
| | 40% do aumento das depreciações dos ativos fixos tangíveis em resultado de reavaliação fiscal (art.º 15.º, n.º 2 do DR 25/2009, de 14/9) | 720 | |
| | Créditos incobráveis não aceites como gastos (art.º 41.º) | 722 | |
| | Realizações de utilidade social não dedutíveis (art.º 43.º) | 723 | |
| | Menos-valias contabilísticas | 736 | |
| | Mais-valia fiscal resultante de mudança no modelo de valorização [art.º 46.º, n.º 5, al. b)] | 738 | |
| | Diferença positiva entre as mais-valias e as menos-valias fiscais sem intenção de reinvestimento (art.º 46.º) | 739 | |
| | 50% da diferença positiva entre as mais-valias e as menos-valias fiscais com intenção expressa de reinvestimento (art.º 48.º, n.º 1) | 740 | |
| | Acréscimos por não reinvestimento ou pela não manutenção dos ativos na titularidade do adquirente (art.º 48.º, n.º 6) | 741 | |

| 07 | APURAMENTO DO LUCRO TRIBUTÁVEL (cont.) | | |
|---|---|---|---|
| A ACRESCER (cont.) | Mais-valias fiscais - regime transitório [art.º 7, n.º 7, al. b) da Lei n.º 30-G/2000, de 29/12 e art.º 32.º, n.º 8 da Lei n.º 109-B/2001, de 27/12] | 742 | |
| | Correções relativas a instrumentos financeiros derivados (art.º 49.º) | 743 | |
| | Prejuízos de estabelecimentos estáveis situados fora do território português (art.º 54.º -A) | 787 | |
| | Correções relativas a preços de transferência (art.º 63.º, n.º 8) | 744 | |
| | Diferença positiva entre o valor patrimonial tributário definitivo do imóvel e o valor constante do contrato [art.º 64.º, n.º 3 al. a)] | 745 | |
| | Imputação de rendimentos de entidades não residentes sujeitas a um regime fiscal privilegiado (art.º 66.º) | 747 | |
| | Limitação à dedutibilidade de gastos de financiamento líquidos (art.º 67.º) | 748 | |
| | Correções nos casos de crédito de imposto por dupla tributação jurídica internacional (art.º 68.º, n.º 1) | 749 | |
| | Correções nos casos de crédito de imposto por dupla tributação económica internacional (art.º 68.º, n.º 3) | 786 | |
| | Correções resultantes da opção pelo regime especial aplicável às fusões, cisões, entradas de ativos e permutas de partes sociais (art.ºs 74.º, 76.º e 77.º) | 750 | |
| | Transferência de residência, afetação de elementos patrimoniais a estabelecimento estável situado fora do território português, cessação da atividade ou transferência de elementos patrimoniais de estabelecimento estável situado em território português: saldo positivo referente aos elementos patrimoniais transferidos para outro Estado membro da UE ou do EEE ou afetos a estabelecimento estável aí situado (art.ºs 83.º, 84.º e 54.º-A, n.º 11) | 789 | |
| | Transferência de residência, afetação de elementos patrimoniais a estabelecimento estável situado fora do território português, cessação da atividade ou transferência de elementos patrimoniais de estabelecimento estável situado em território português: saldo positivo referente aos elementos patrimoniais transferidos para países fora da UE ou do EEE ou afetos a estabelecimento estável aí situado (art.ºs 83.º, 84.º e 54.º-A, n.º 11) | 790 | |
| | Donativos não previstos ou além dos limites legais (art.ºs 62.º, 62.º-A e 62.º-B do EBF) | 751 | |
| | Encargos financeiros não dedutíveis (ex-art.º 32.º, n.º 2 do EBF) | 779 | |
| | | 752 | |
| | SOMA (campos 708 a 752) | 753 | 520.000,00 |
| A DEDUZIR | Despesas ou encargos de projeção económica plurianual contabilizados como gasto na vigência do POC e ainda não aceites fiscalmente [art.º 22.º al. f) do DR 25/2009, de 14/9] | 754 | |
| | Prejuízo fiscal imputado por ACE ou AEIE (art.º 6.º) | 755 | |
| | Correções relativas a períodos de tributação anteriores (art.º 18.º, n.º 2) | 756 | |
| | Vendas e prestações de serviços com pagamento diferido: rédito de juros (art.º 18.º, n.º 5) | 757 | |
| | Gastos referentes a inventários e a fornecimentos e serviços externos com pagamento diferido: diferença entre a quantia nominal da contraprestação e o justo valor (art.º 18.º, n.º 5) | 791 | |
| | Anulação dos efeitos do método da equivalência patrimonial e do método de consolidação proporcional no caso de empreendimentos conjuntos que sejam sujeitos passivos de IRC (art.º 18.º, n.º 8) | 758 | |
| | Ajustamentos não tributáveis decorrentes da aplicação do justo valor (art.º 18.º, n.º 9) | 759 | |
| | Pagamentos com base em ações (art.º 18.º, n.º 11) | 760 | |
| | Pagamento ou colocação à disposição dos beneficiários de benefícios de cessação de emprego, benefícios de reforma e outros benefícios pós emprego ou a longo prazo dos empregados (art.º 18.º, n.º 12) | 761 | |
| | Reversão de perdas por imparidade tributadas (art.ºs 28.º, n.º 3 e 28.º-A, n.º 3) | 762 | |
| | Depreciações e amortizações tributadas em períodos de tributação anteriores (art.º 20.º do DR 25/2009, de 14/9) | 763 | |
| | Perdas por imparidade tributadas em períodos de tributação anteriores (art.ºs 28.º, 28.º -A, n.º 1 e 31.º -B, n.º 7) | 781 | |
| | Reversão de provisões tributadas (art.ºs 19.º, n.º 4 e 39.º, n.º 4) | 764 | |
| | Restituição de impostos não dedutíveis e excesso da estimativa para impostos | 765 | |
| | Impostos diferidos [art.º 23.º -A, n.º 1, al. a)] | 766 | |
| | Gasto fiscal relativo a ativos intangíveis, propriedades de investimento e ativos biológicos não consumíveis (art.º 45.º -A) | 792 | |
| | Mais-valias contabilísticas | 767 | |
| | 50% da menos-valia fiscal resultante de mudanças no modelo de valorização [art.º 46.º, n.º 5.º, al. b) e ex-art.º 45.º, n.º 3, parte final] e 50% da diferença negativa entre as mais e as menos-valias fiscais de partes de capital ou outras componentes do capital próprio (ex-art.º 45.º, n.º 3, 1.ª parte) | 768 | |
| | Diferença negativa entre as mais-valias e as menos-valias fiscais (art.º 46.º) | 769 | |
| | Correções relativas a instrumentos financeiros derivados (art.º 49.º) | 770 | |
| | 50% dos rendimentos de patentes e outros direitos de propriedade industrial (art.º 50.º -A) | 793 | 16.220,93 |
| | Eliminação da dupla tributação económica de lucros e reservas distribuídos (art.ºs 51.º e 51.º -D) | 771 | |
| | Lucros de estabelecimentos estáveis situados fora do território português (art.º 54.º -A) | 794 | |
| | Correção pelo adquirente do imóvel quando adota o valor patrimonial tributário definitivo para a determinação do resultado tributável na respetiva transmissão [art.º 64.º, n.º 3, al. b)] | 772 | |
| | Reporte dos gastos de financiamento líquidos de períodos de tributação anteriores (art.º 67.º) | 795 | |
| | Correções resultantes da opção pelo regime especial aplicável às fusões, cisões, entradas de ativos e permutas das partes sociais (art.ºs 74.º, 76.º e 77.º) | 773 | |
| | Transferência de residência, afetação de elementos patrimoniais a estabelecimento estável situado fora do território português, cessação da atividade ou transferência de elementos patrimoniais de estabelecimento estável situado em território português: saldo negativo referente aos elementos patrimoniais transferidos para fora do território português ou afetos a estabelecimento estável aí situado (art.ºs 83.º, 84.º e 54.º-A, n.º 11) | 796 | |
| | Benefícios fiscais | 774 | |
| | | 775 | |
| | SOMA (campos 754 a 775) | 776 | 16.220,93 |
| | PREJUÍZO PARA EFEITOS FISCAIS (Se 776 > 753) | 777 | |
| | LUCRO TRIBUTÁVEL (Se 753 ≥ 776) (a transportar para o quadro 09) | 778 | 503.779,07 |

| 08 | REGIMES DE TAXA | | |
|---|---|---|---|
| 08.1 | **REGIMES DE REDUÇÃO DE TAXA** | ASSINALAR COM X | TAXAS DE TRIBUTAÇÃO |
| | Estabelecimentos de ensino particular (ex-art.º 56.º do EBF) | 242 | 20% |
| | Benefícios relativos à interioridade (ex-art.º 43.º do EBF) | 245 | 10% / 15% |
| | Antigo Estatuto Fiscal Cooperativo (art.º 7.º, n.º 3 da Lei n.º 85/98, de 16/12) | 246 | 20% |
| | Entidades licenciadas na Zona Franca da Madeira (ex-art.º 35.º do EBF) | 260 | 3 % |
| | Entidades licenciadas na Zona Franca da Madeira (art.ºs 36.º e 36.º-A do EBF) | 265 | 5 % |
| | | 247 | |
| 08.2 | **REGIME GERAL** | ASSINALAR COM X | TAXAS DE TRIBUTAÇÃO |
| | Região Autónoma dos Açores (Dec. Leg. Regional n.º 2/1999/A, de 20/1) | 248 | 13.6% / 16.8% |
| | Região Autónoma da Madeira (Dec. Leg. Regional n.º 2/2001/M, de 20/2) | 249 | 17% / 21% |
| | Rendimentos prediais de entidades não residentes sem estabelecimento estável (art.º 87.º, n.º 4) | 262 | 25% |
| | Mais-valias imobiliárias / incrementos patrimoniais obtidos por entidades não residentes sem estabelecimento estável (art.º 87.º, n.º 4) | 263 | 25% |
| | Mais-valias mobiliárias obtidas por entidades não residentes sem estabelecimento estável (art.º 87.º, n.º 4) | 266 | 25% |
| | Rendimentos decorrentes da alienação de unidades de participação em FII e de participações sociais em SII, auferidos por entidades não residentes sem estabelecimento estável (art.º 22.º-A, n.º 1, al. c) do EBF) | 267 | 10% |
| | Outros rendimentos obtidos por entidades não residentes sem estabelecimento estável | 264 | |

**09 — APURAMENTO DA MATÉRIA COLETÁVEL**

| (transporte do Q. 07) | Cód. | Regime geral | Cód. | Com redução de taxa | Cód. | Com isenção | Cód. | Regime simplificado (em vigor até 2010) |
|---|---|---|---|---|---|---|---|---|
| 1. **PREJUÍZO FISCAL** | 301 | | 312 | | 323 | | | |
| 2. **LUCRO TRIBUTÁVEL** | 302 | 503.779,07 | 313 | | 324 | | 400 | |

***Regime especial dos grupos de sociedades***

| *Soma algébrica dos resultados fiscais* | *Lucros distribuídos(ex-art.º 70.º, n.º 2)* | *Gastos de financiamento líquidos (opção prevista no art.º 67.º, n.º 5)* |
|---|---|---|
| 380 | 381 | 395 |
| | *Resultados internos eliminados ao abrigo do anterior RTLC, a incluir no lucro tributável do período* | *Resultado fiscal do grupo* |
| | 376 | 382 |

| | | |
|---|---|---|
| *Prejuízos individuais deduzidos, verificados em períodos anteriores ao início de aplicação do regime* | 396 | *NIF* |
| *Quotas-partes dos prejuízos fiscais deduzidas em caso de aquisição de grupos de sociedades (art.º 71.º, n.ºs 4 e 5)* | 398 | *NIF* |

| | Cód. | Regime geral | Cód. | Com redução de taxa | Cód. | Com isenção | Cód. | Regime simplificado |
|---|---|---|---|---|---|---|---|---|
| Prejuízos fiscais dedutíveis | 303 | | 314 | | 325 | | 401 | |
| Prejuízos fiscais autorizados/transmitidos (art.º 75.º, n.ºs 1 e 3) | 383 | | 386 | | 389 | | 392 | |
| Prejuízos fiscais autorizados/transmitidos [art.º 15.º, n.º 1, al. c) e art.º 75.º, n.º 5] | 384 | | 387 | | 390 | | 393 | |
| Prejuízos fiscais não dedutíveis (art.º 52.º, n.º 8) | 385 | | 388 | | 391 | | 394 | |
| 3. DEDUÇÕES: Prejuízos fiscais deduzidos | 309 | | 320 | | 331 | | 407 | |
| Benefícios fiscais | 310 | | 321 | | 332 | | 408 | |
| 4. MATÉRIA COLETÁVEL: (2 - 3) | 311 | 503.779,07 | 322 | | 333 | | 409 | |
| ZFM - Matéria coletável que excede os plafonds máximos (art.ºs 36.º, n.º 3 e 36.º-A, n.º 4 do EBF) | 336 | | | | | | | |
| **COLETIVIDADES DESPORTIVAS - Dedução das importâncias investidas até 50% da matéria coletável (art.º 54.º, n.º 2 do EBF)** | 399 | | | | | | | |

Existindo prejuízos fiscais autorizados/transmitidos, indique:

| | | |
|---|---|---|
| **Total do valor utilizado no período (397-A + 397-B)** | 397 | |
| **Valor utilizado no período [art.º 15.º, n.º 1, al. c) e art.º 75.º, n.º 5]** | 397-A | NIF |
| **Valor utilizado no período (art.º 75.º, n.ºs 1 e 3)** | 397-B | NIF |

**MATÉRIA COLETÁVEL NÃO ISENTA [(311 - 399) + 322 + 336] ou 409 ou campo 42 do anexo E** | 346 | 503.779,07

| 10 | CÁLCULO DO IMPOSTO | | | |
|---|---|---|---|---|
| Imposto à taxa normal (art.º 87.º, n.º 2, 1.ºs € 15.000,00 de matéria coletável das PME) (c. 311 do q.09 da m22 ou c. 42 do anexo E) x 17% | 347-A | 2.550,00 | | |
| Imposto à taxa normal (art.º 87.º, n.º 1) (c. 311 do q.09 da m22 ou c. 42 do anexo E) x 21% | 347-B | 102.643,60 | | |
| Imposto à outras taxas (348 %) | 349 | | | |
| Imposto imputável à Região Autónoma dos Açores | 350 | | | |
| Imposto imputável à Região Autónoma da Madeira | 370 | | | |
| COLETA (347-A + 347-B + 349 + 350 + 370) | | | 351 | 105.193,60 |
| Derrama estadual (art.º 87.º-A) | 373 | | | |
| COLETA TOTAL (351 + 373) | | | 378 | 105.193,60 |
| Dupla tributação jurídica internacional (DTJI - art.º 91.º) | 353 | | | |
| Dupla tributação económica internacional (art.º 91.º-A) | 375 | | | |
| Benefícios fiscais | 355 | | | |
| Pagamento especial por conta (art.º 93.º) | 356 | | | |
| TOTAL DAS DEDUÇÕES (353 + 375 + 355 + 356) ≤ 378 | | | 357 | |
| TOTAL DO IRC LIQUIDADO (378 - 357) ≥ 0 | | | 358 | |
| Resultado da liquidação (art.º 92.º) | | | 371 | |
| Retenções na fonte | 359 | | | |
| Pagamentos por conta (art.º 105.º) e Pagamento por conta autónomo (Lei n.º 7-A/2016, de 30 de março, art.º 136.º, n.º 2) | 360 | | | |
| Pagamentos adicionais por conta (art.º 105.º-A) | 374 | | | |
| IRC A PAGAR (358 + 371 - 359 - 360 - 374) > 0 | | | 361 | |
| IRC A RECUPERAR (358 + 371 - 359 - 360 - 374) < 0 | | | 362 | |
| IRC de períodos anteriores | 363 | | | |
| Reposição de benefícios fiscais | 372 | | | |
| Derrama municipal | 364 | 7.556,69 | | |
| Dupla tributação jurídica internacional (art.º 91.º) - Países com CDT e quando DTJI > 378 | 379 | | | |
| Tributações autónomas | 365 | | | |
| Juros compensatórios | 366 | | | |
| Juros de mora | 369 | | | |
| TOTAL A PAGAR [361 ou ( - 362) + 363 + 372 + 364 - 379 + 365 + 366 + 369] > 0 | | | 367 | 112.750,29 |
| TOTAL A RECUPERAR [( - 362) + 363 + 372 + 364 - 379 + 365 + 366 + 369] < 0 | | | 368 | |

| 10-A | JUROS COMPENSATÓRIOS | | |
|---|---|---|---|
| Discriminação do valor indicado no campo 366 do quadro 10: | | | |
| Juros compensatórios declarados por atraso na entrega da declaração | 366-A | Juros compensatórios declarados por outros motivos | 366-B |

| 10-B | TRANSFERÊNCIA DE RESIDÊNCIA/CESSAÇÃO DA ATIVIDADE DE ESTABELECIMENTO ESTÁVEL/AFETAÇÃO DE ELEMENTOS PATRIMONIAIS (art.ºs 83.º, 84.º e 54.º-A, n.º 11) | | |
|---|---|---|---|
| Modalidade de pagamento do imposto correspondente (art.º 83.º, n.º 2) | | | |
| 1 ☐ imediato [al. a)] | 2 ☐ diferido [al. b)] | 3 ☐ fracionado [al. c)] | |
| | IRC + Derrama estadual | Derrama municipal | |
| Valor do pagamento diferido ou fracionado | 377-A | 377-B | |
| Total dos pagamentos diferidos ou fracionados (377-A + 377-B) | | | 377 |
| TOTAL A PAGAR (367 - 377) > 0 | | | 430 |
| TOTAL A RECUPERAR [367 ou (- 368) - 377] < 0 | | | 431 |

| 11 | OUTRAS INFORMAÇÕES | | |
|---|---|---|---|
| Total de rendimentos do período | 410 | Volume de negócios do período | 411 |
| Diferença positiva entre o valor considerado para efeitos de liquidação do IMT e o valor constante do contrato, nos casos em que houve recurso ao procedimento previsto no art.º 139.º | | | 416 |
| Data em que ocorreu a transmissão das partes sociais (art.º 51.º, n.º 9 e art.º 88.º, n.º 11) | | | 418 (Ano / Mês / Dia) |
| Tratando-se de microentidade, indique se, em alternativa às normas contabilísticas para microentidades (NC-ME), opta pela aplicação das normas contabilísticas e de relato financeiro para as pequenas entidades (NCRF-PE) ou das normas contabilísticas e de relato financeiro (NCRF) [art.º 9.º-D do DL n.º 158/2009, de 13 de julho] | | | 423 Sim ☐ |
| Ocorreu no período de tributação uma operação de fusão com eficácia retroativa (n.º 11 do art.º 8.º) da qual é sociedade beneficiária? | | | 429 Sim ☐ |

| 11-A | ATIVOS POR IMPOSTOS DIFERIDOS (AID) - Lei n.º 61/2014, de 26 de agosto | | |
|---|---|---|---|
| Discriminação dos AID inscritos nas demonstrações financeiras a que respeita a Mod 22: | | Informação adicional: | |
| AID de perdas por imparidade em créditos | 460 | Capital próprio | 463 |
| AID de benefícios pós-emprego ou a longo prazo de empregados | 461 | Crédito Tributário | 464 |
| Outros AID | 462 | Data da entrada em liquidação | 465 (Ano / Mês / Dia) |

| 12 | RETENÇÕES NA FONTE | | |
|---|---|---|---|
| N.º DE IDENTIFICAÇÃO FISCAL (NIF) | 1 | RETENÇÃO NA FONTE | 2 . . , |

| 13 | TRIBUTAÇÕES AUTÓNOMAS | |
|---|---|---|
| Despesas de representação (art.º 88.º, n.º 7) | 414 | . . , |
| Encargos dedutíveis com ajudas de custo e de compensação pela deslocação em viatura própria do trabalhador (art.º 88.º, n.º 9) | 415 | . . , |
| Lucros distribuídos por entidades sujeitas a IRC a sujeitos passivos que beneficiem de isenção total ou parcial (art.º 88.º, n.º 11) | 417 | . . , |
| Encargos com viaturas (antiga redação do art.º 88.º, n.º 3) (regime em vigor até 31/12/2013) | 420 | . . , |
| Encargos com viaturas (ex-art.º 88.º, n.º 4) (regime em vigor até 31/12/2013) | 421 | . . , |
| Indemnizações por cessação de funções de gestor, administrador ou gerente [art.º 88.º, n.º 13, al. a)] | 422 | . . , |
| Gastos ou encargos relativos a bónus e outras remunerações variáveis pagas a gestores, administradores ou gerentes [art.º 88.º, n.º 13, al. b)] | 424 | . . , |
| Encargos não dedutíveis nos termos da al. h) do n.º 1 do artigo 23.º-A suportados pelos sujeitos passivos que apresentem prejuízo fiscal (art.º 88.º, n.º 9) | 425 | . . , |
| Encargos com viaturas ligeiras de passageiros e de mercadorias - Se CA < € 25.000,00 [art.º 88.º, n.º 3, al. a)] | 426 | . . , |
| Encargos com viaturas ligeiras de passageiros e de mercadorias - Se CA ≥ € 25.000,00 e < € 35.000,00 [art.º 88.º, n.º 3, al. b)] | 427 | . . , |
| Encargos com viaturas ligeiras de passageiros e de mercadorias - Se CA ≥ € 35.000,00 [art.º 88.º, n.º 3, al. c)] | 428 | . . , |
| Encargos com viaturas ligeiras de passageiros híbridas plug-in - Se CA < € 25.000,00 [art.º 88.º, n.º 3, al. a) e n.º 17] | 432 | . . , |
| Encargos com viaturas ligeiras de passageiros híbridas plug-in - Se CA ≥ € 25.000,00 e < € 35.000,00 [art.º 88.º, n.º 3, al. b) e n.º 17] | 433 | . . , |
| Encargos com viaturas ligeiras de passageiros híbridas plug-in - Se CA ≥ € 35.000,00 [art.º 88.º, n.º 3, al. c) e n.º 17] | 434 | . . , |
| Encargos com viaturas ligeiras de passageiros movidas a GPL ou GNV - Se CA < € 25.000,00 [art.º 88.º, n.º 3, al. a) e n.º 18] | 435 | . . , |
| Encargos com viaturas ligeiras de passageiros movidas a GPL ou GNV - Se CA ≥ € 25.000,00 e < € 35.000,00 [art.º 88.º, n.º 3, al. b) e n.º 18] | 436 | . . , |
| Encargos com viaturas ligeiras de passageiros movidas a GPL ou GNV - Se CA ≥ € 35.000,00 [art.º 88.º, n.º 3, al. c) e n.º 18] | 437 | . . , |
| Despesas não documentadas [art.º 88.º, n.º 1] (Regime Simplificado ou OIC abrangidos pelo art.º 22.º, n.º 8 do EBF) | 438 | . . , |
| Importâncias pagas ou devidas a entidades não residentes sujeitas a um regime fiscal privilegiado [art.º 88.º, n.ºs 1 e 8] (Regime Simplificado ou OIC abrangidos pelo art.º 22.º, n.º 8 do EBF) | 439 | . . , |

| 13-A | TRIBUTAÇÕES AUTÓNOMAS - ZONA FRANCA DA MADEIRA (art.º 36.º-A, n.º 14 do EBF) | |
|---|---|---|
| Despesas de representação (art.º 88.º, n.º 7) | 440 | . . , |
| Encargos dedutíveis com ajudas de custo e de compensação pela deslocação em viatura própria do trabalhador (art.º 88.º, n.º 9) | 441 | . . , |
| Lucros distribuídos por entidades sujeitas a IRC a sujeitos passivos que beneficiem de isenção total ou parcial (art.º 88.º, n.º 11) | 442 | . . , |
| Indemnizações por cessação de funções de gestor, administrador ou gerente [art.º 88.º, n.º 13, al. a)] | 443 | . . , |
| Gastos ou encargos relativos a bónus e outras remunerações variáveis pagas a gestores, administradores ou gerentes [art.º 88.º, n.º 13, al. b)] | 444 | . . , |
| Encargos não dedutíveis nos termos da al. h) do n.º 1 do artigo 23.º-A suportados pelos sujeitos passivos que apresentem prejuízo fiscal (art.º 88.º, n.º 9) | 445 | . . , |
| Encargos com viaturas ligeiras de passageiros e de mercadorias - Se CA < € 25.000,00 [art.º 88.º, n.º 3, al. a)] | 446 | . . , |
| Encargos com viaturas ligeiras de passageiros e de mercadorias - Se CA ≥ € 25.000,00 e < € 35.000,00 [art.º 88.º, n.º 3, al. b)] | 447 | . . , |
| Encargos com viaturas ligeiras de passageiros e de mercadorias - Se CA ≥ € 35.000,00 [art.º 88.º, n.º 3, al. c)] | 448 | . . , |
| Encargos com viaturas ligeiras de passageiros híbridas plug-in - Se CA < € 25.000,00 [art.º 88.º, n.º 3, al. a) e n.º 17] | 449 | . . , |
| Encargos com viaturas ligeiras de passageiros híbridas plug-in - Se CA ≥ € 25.000,00 e < € 35.000,00 [art.º 88.º, n.º 3, al. b) e n.º 17] | 450 | . . , |
| Encargos com viaturas ligeiras de passageiros híbridas plug-in - Se CA ≥ € 35.000,00 [art.º 88.º, n.º 3, al. c) e n.º 17] | 451 | . . , |
| Encargos com viaturas ligeiras de passageiros movidas a GPL ou GNV - Se CA < € 25.000,00 [art.º 88.º, n.º 3, al. a) e n.º 18] | 452 | . . , |
| Encargos com viaturas ligeiras de passageiros movidas a GPL ou GNV - Se CA ≥ € 25.000,00 e < € 35.000,00 [art.º 88.º, n.º 3, al. b) e n.º 18] | 453 | . . , |
| Encargos com viaturas ligeiras de passageiros movidas a GPL ou GNV - Se CA ≥ € 35.000,00 [art.º 88.º, n.º 3, al. c) e n.º 18] | 454 | . . , |

| 14 | CRÉDITO DE IMPOSTO POR DUPLA TRIBUTAÇÃO JURÍDICA INTERNACIONAL (CIDTJI) | | | | | | |
|---|---|---|---|---|---|---|---|
| 1 | 2 | 3 | Apuramento no período | | | 7 | 8 |
| Código do País | Tipo de rendimentos | Saldo não deduzido | 4 Imposto pago no estrangeiro [art.º 91.º, n.º 1, al. a)] | 5 Fração do imposto relativa a rendimentos obtidos no estrangeiro [art.º 91.º, n.º 1, al. b)] | 6 Crédito de imposto do período | Dedução efetuada no período | Saldo que transita |
| | | . . , | . . , | . . , | . . , | . . , | . . , |
| TOTAL do CIDTJI com CDT | | . . , | | | . . , | . . , | . . , |
| TOTAL do CIDTJI sem CDT | | . . , | | | . . , | . . , | . . , |
| TOTAL do CIDTJI | | . . , | | | . . , | . . , | . . , |

## ÍNDICE